Karl Barth

AUGENBLICKE

T V Z

«Ich will euch Ruhe geben» *(Matthäus 11, 28)*

IN OBHUT

Nicht der hat Ruhe, der keine Unruhe hat. Nicht der hat Ruhe, der faul und selbstsüchtig genug ist, sich keine Unruhe zu machen oder sich die Unruhe vom Leibe zu halten. Unterdrückte Unruhe ist keine Ruhe. Der hat Ruhe, der sich mitten in der Unruhe in Obhut weiß – der, auch wenn er gewiß nicht versäumen wird Obacht zu geben, doch nicht meint, sich selber in Obhut nehmen zu müssen, sondern der weiß, daß er in Obhut genommen ist. Und der hat Ruhe, der in aller Unruhe sich frei weiß. Der ist frei, der wohl die Schranken sieht und auch erleidet, die ihn von allen Seiten umgeben, der aber auch sieht, wie diese durchbrochen sind von Fenstern und Türen. Und was ihn von dort draußen grüßt, ist die freie Gotteswelt, der er entgegengeht und in der er heute schon leben darf, indem er heute schon sehen darf, wie klein und vergänglich sein Gefängnis, wie groß und ewig diese Gotteswelt ist. Und der hat Ruhe, der sich gebunden weiß mitten in der Unruhe, gebunden an seinen Platz, an seinen Weg in diesem Leben, so wie er ihm nun eben zugewiesen ist. Der hat Ruhe, der ein Höheres kennt als seine eigenen Gelüste und seine eigene Willkür, ein Höheres als alle jene fremden Einfälle, die ihm täglich die Ohren füllen, und als die blinden Zufälle, die ihn hin- und hertreiben. Wer von uns hat in diesem Sinne Ruhe? Jesus spricht: «Ich will euch Ruhe geben.»

«Da hob Petrus an zu sinken, Jesus aber ergriff ihn»
(Matthäus 14,30f.)

GEHALTEN

Wenn Petrus sinkt, so sinkt Jesus Christus darum doch nicht. Und solange Jesus nicht sinkt, kann auch Petrus nicht ganz versinken, wenn er nur das Eine nicht vergisst, daß er sich jetzt ganz und gar auf Jesus verlassen muss. Ja, auch wenn die Christen, auch wenn die ausgezeichneten Glieder Gottes versagen, so bleiben sie darum doch die Berufenen, und es bleibt ihr Dienst, und es bleibt ihr Auftrag. Die größten Diener Gottes haben Gott Schande gemacht. Aber Gott hat sie und die Seinen darum nicht verlassen. Und wenn wir untreu sind, so ist er treu, und es braucht dann nur das Eine, daß wir daran denken, und daß wir, wenn wir uns nicht mehr zu helfen wissen, schreien und von Herzen zu ihm sagen: Herr, hilf mir! Weil es das gibt, dieses Rufen aus tiefer Not, das in Wirklichkeit nur noch die Barmherzigkeit Gottes meint, darum gilt es, davon Gebrauch zu machen. Nun gilt es zurückzugehen vom Eilen ins Warten, um daselbst gestärkt zu werden zu neuen Taten. Denn es ist ohne Frage: dazu lässt Jesus Christus die Seinen schwach werden, damit sie erst recht stark würden. «Er ergriff ihn.» Dieser Griff ist die herrlichste Stärkung, die sich denken lässt. Sie gilt als solche immer dem Schwachen. Und dieser Schwache ist dann stärker als der Stärkste dieser Welt. Wenn wir es doch lernen wollten, alle unsere Zuversicht auf das Eine zu richten: Du bist wahrlich Gottes Sohn, Du unser Heiland, Du!

«Denn ihr werdet lachen» (Lukas 6,21)

HUMOR

Humor haben heißt: nicht irgendwie steif, sondern beweglich sein. Humor entsteht dadurch, daß der Widerspruch unserer Existenz als Kinder Gottes und als Kinder dieses Äons eingesehen und uns bei unserem Tun lebendig bewusst ist. Humor bedeutet eine große Einklammerung des Ernstes der Gegenwart. Humor gibt es nur im Ringen mit dem Ernst der Gegenwart. Aber über und in diesem Ringen können wir als Kinder Gottes unmöglich ganz ernst bleiben. Die Zukunft Gottes meldet sich als jenes Lächeln unter Tränen, als jene Freudigkeit, in der wir die Gegenwart ertragen und innerhalb der Klammer ernstnehmen können, weil sie ja die Zukunft schon in sich trägt. Dadurch wird sich denn auch der echte Humor vom unechten unterscheiden, daß er das Wissen um das Leid zur Voraussetzung hat. Und dadurch ganz unzweideutig, daß er sich nicht mit Vorliebe an den Anderen, sondern an sich selber übt, daß man die Klammer sieht, in der man sich selber befindet. Darum wird er dann etwas Lösendes und Befreiendes, und nicht Gift und Galle, auch dann bedeuten, wenn er sich gegen Andere richtet. Wer sich selber ausgelacht hat, der darf auch einmal Andere auslachen und wird als letzte Probe auch die freudig überstehen, selber ausgelacht zu werden, eine Probe, in der mancher angeblich Humorvolle schmählich durchzufallen pflegt.

«Blickt auf zu ihm, so strahlt euer Angesicht» (Psalm 34,6)

TRÖSTLICHES LACHEN

Wenn ein Mensch zu Ihm, zu Jesus Christus aufblickt, dann widerfährt ihm eine Veränderung, neben der die größte Revolution eine kleine Sache ist. Sie besteht ganz schlicht darin, daß, wer zu Ihm aufblickt, an Ihn glaubt, hier auf Erden ein Kind Gottes heißen und sein darf. Das ist eine innere Veränderung, die nun aber doch unmöglich bloß innerlich sein und bleiben kann, die vielmehr, indem sie geschieht, gewaltig nach außen drängt. Ihm geht ein großes, helles, dauerndes Licht auf. Und eben dieses Licht hat seinen Widerschein in seinem Gesicht, in seinen Augen, in seinem Benehmen, in seinen Worten und Verhaltungsweisen. Einem solchen Menschen ist eben mitten in seinem Kummer und Leid, allem seinem Seufzen und Murren zuwider eine Freude gemacht: keine billige und oberflächliche, sondern eine tiefe, keine vorübergehende, sondern eine bleibende Freude. Und eben sie macht ihn selbst, auch wenn er immer noch traurig sein und dran sein mag, zu einem Menschen, dem man es anmerkt, daß er im Grunde ein fröhlicher Mensch ist. Sagen wir es ruhig: er hat etwas zum Lachen bekommen und kann dieses Lachen auch dann nicht verbeißen, wenn es ihm im übrigen gar nicht zum Lachen ist: kein böses, sondern ein gutes, kein höhnisches, sondern ein liebes und tröstliches Lachen, auch kein diplomatisches Lachen, wie es in der Politik üblich geworden ist, sondern ein aufrichtiges, aus seinem tiefsten Herzen kommendes Lachen.

«Meine Seele erhebt den Herrn» (Lukas 1,46)

GROSSER GOTT

Gott will groß gemacht sein in unserem elenden Menschenleben. In was besteht dieses «groß machen» Gottes? Es ist etwas ganz Schlichtes und dennoch Unendliches, nur als Wunder zu Erkennendes, nämlich daß wir in unserem kleinen Dasein in den Tagen und Jahren und Jahrzehnten, in denen uns unser Leben geschenkt ist, in den Sorgen und Problemen und Kämpfen unseres Lebens immer wieder aufgerufen sind von Schritt zu Schritt, Gott den Herrn sein zu lassen.

Warum? Weil er Gott ist! Nicht aus einem anderen Grunde, nicht weil wir es für nützlich halten, sondern einfach darum, weil er Gott der Herr ist. Ihn selber, Gott, den Herrn sein lassen, gelten lassen in unseren Gedanken, in unserem Gemütsleben, in unsrem Gewissen, – dieses schlichte Verhältnis: Er ist Gott der Herr, und er will jetzt gelten als das in meinem Leben, und ich kann ihn bei den kleinen und großen Schritten meines Lebens nur gelten lassen als den Herrn, das würde wohl bedeuten: Gott groß machen. Das würde heißen: «Meine Seele erhebt den Herrn!»

Dann ist er auch bei uns, was er in sich selber ist. Das ist seine Gnade, daß es ihm nicht zu gering ist, auch dein und mein Gott zu sein und darum auch von uns erhoben zu werden.

„Sie werden sich verwundern über all dem Guten» *(Jeremia 33,9)*

VERWUNDERUNG

Am Anfang alles theologischen Wahrnehmens, Forschens und Denkens – und nicht zuletzt auch jedes theologischen Wortes steht eine ganz spezifische Verwunderung. Ihr Fehlen müßte das ganze Unternehmen auch des besten Theologen in der Wurzel krank machen, während auch ein schlechter Theologe für seinen Dienst und seine Aufgabe so lange nicht verloren ist, als er ihrer noch fähig ist. Zur Verwunderung kommt es da, wo Einer auf eine geistige oder natürliche Erscheinung stößt, die ihm bisher noch nicht «vorgekommen», die ihm also vorläufig ungewohnt, befremdlich, neu ist, die er im bisherigen Kreis seiner Vorstellungen von dem, was möglich sein möchte, vorläufig nicht unterzubringen weiß, nach deren Herkunft und Wesen er bis auf weiteres nur fragen kann. Die Verwunderung, die über den Menschen kommt, wenn er sich mit der Theologie einläßt, ist anderer Art. Ins Staunen treibt und zum Lernen zwingt freilich auch sie den Menschen, nur daß hier keine Rede davon sein kann, daß er eines Tages ausgelernt haben, daß ihm das Ungewohnte je gewöhnlich, das Neue je altbekannt vorkommen, daß er das Befremdliche je domestizieren könnte. Fortschritt der Wissenschaft kann hier nur bedeuten, daß das Stutzen und Fragen angesichts ihres Gegenstandes, daß die Verwunderung, weit entfernt davon, daß sie den Menschen je und in irgendeiner Hinsicht losließe, immer noch mehr überhand nimmt. Widerfährt sie ihm wirklich, dann wird er selbst ein ganz und gar, ein ein für allemal verwunderter Mensch.

EIN OFFENES WORT

Wider den Strom	84
Am längeren Hebelarm	85
Sendung	87
Politischer Gottesdienst	89
Partei sein	91
Ein offenes Wort	92
Krieg und Frieden	93
Reich und arm	95
Von Fall zu Fall	96
Gemeinwohl	97

UNTERWEGS

Gottes Geduld	98
Sabbat	99
Arbeit	101
Aufbruch	102
Unser Kreuz	103
Anfechtung	104
Vergehen	105
Sterben	106
Vorfahren	107

WIR WERDEN SEHEN

Des Todes Tod	108
Disziplinierte Hoffnung	109
Unruhiger als die Unruhigsten	111
Vorfreude	113
Abglanz	114
Nichts wird verloren sein	115
Sehnsucht	117

NACHWORT

Eberhard Busch	118
Fundorte	120

EINE VERKEHRTE WELT
Leere Hände   47
Der verdrängte Gott   48
Der versklavte Mensch   50
Herrenlose Gewalten   51
Einsamkeit   52
Leerlauf   53
Daseinskampf   54
Dummheit   55
Lüge   56
Sprachlosigkeit   57
Krankheit   58
Laß es Tag werden!   59

CHRISTENLEBEN
Die aufgeschlossene Türe   60
Der kleine Seufzer   61
Glaube   62
Anfänger   63
Nachfolge   64
Nicht so schüchtern!   65
Stehen und gehen   66
Christliche Sachkunde   67
Des Anderen Last   69
Liebe   70
Gemeinschaft   71

MENSCH SEIN
Leben-Dürfen   72
Gute Zeit   73
Bejahte Grenzen   75
Menschenwürde   76
Freiheit   77
Der Mitmensch   79
Ausländer   80
Der Augenblick   81
Miteinander reden   82

Inhaltsverzeichnis

GETROSTER MUT
- Verwunderung — 9
- Großer Gott — 10
- Tröstliches Lachen — 11
- Humor — 12
- Gehalten — 13
- In Obhut — 14
- Ruhe — 15
- Zufrieden — 16
- Unbekümmert — 17
- Furchtlos — 18
- Freude an Gott — 19
- Gott sei Dank! — 20

DER LEBENDIGE GOTT
- Seine Lebendigkeit — 21
- Seine Hoheit — 22
- Seine Macht — 23
- Seine Wahl — 24
- Seine Treue — 26
- Seine Menschlichkeit — 27
- Sein Erbarmen — 28

DES MENSCHEN NÄCHSTER
- Der Lastträger — 29
- Weihnachten — 30
- Karfreitag — 31
- Ostern — 32
- Seine Gegenwart — 33
- Sein Zuspruch — 34
- Sein Anspruch — 35

DAS ERWÜNSCHTE GESCHÖPF
- Kräuter und Bäume — 36
- Fische und Vögel — 37
- Kamerad Tier — 38
- Ehrfurcht vor dem Leben — 39
- Mann und Frau — 40
- Lebensgemeinschaft — 41
- Kinder — 43
- Jugend — 44
- Lebensmitte — 45
- Alter — 46

Der Theologische Verlag Zürich wird vom Bundesamt für Kultur für die
Jahre 2021–2025 unterstützt.

Für den Buchumschlag wurde eine Zeichnung Hans-Jakob Barths
(1925-1984), des jüngsten Sohnes von Karl Barth, verwendet
(Tusche auf Papier, 1974, Privatbesitz).

Buchgestaltung: Mario Moths
Druck: CPI Books GmbH, Leck

Die Deutsche Bibliothek – Bibliographische Einheitsaufnahme
Die Deutsche Bibliothek verzeichnet diese Publikation in der Deutschen
Nationalbibliographie; detaillierte bibliographische Daten sind im
Internet über http://dnb.ddb.de abrufbar.

ISBN 978-3-290-17390-6 (Print)
ISBN 978-3-290-18757-6 (E-Book)

3. Auflage 2025
© 2001 Theologischer Verlag Zürich
www.tvz-verlag.ch

Alle Rechte, auch die des auszugsweisen Nachdrucks,
der photographischen und audiovisuellen Wiedergabe,
der elektronischen Erfassung sowie der Übersetzung,
bleiben vorbehalten.

Hersteller:
TVZ Theologischer Verlag Zürich AG, Schaffhauserstr. 316, CH-8050 Zürich
info@tvz-verlag.ch

Verantwortlicher in der EU gemäss GPSR:
Brockhaus Kommissionsgeschäft GmbH, Kreidlerstr. 9, DE-70806 Kornwestheim
info@brocom.de

Weitere Informationen bezüglich Produktsicherheit finden Sie unter:
www.tvz-verlag.ch/produktsicherheit

Karl Barth

AUGENBLICKE

Texte zur Besinnung
ausgewählt von Eberhard Busch

TVZ
Theologischer Verlag Zürich

«Der Herr gab ihnen Ruhe von allen umher» (Josua 21,44)

RUHE

Man findet die Ruhe nicht mit allerlei Experimenten, man kann ihr nicht nachjagen mit allerlei Lebenskunde und Lebenskunst, mit allerlei Psychologie und Astrologie, mit allerlei Erziehung und Selbsterziehung, mit allem diesem schönen Kram, den wir so sehr lieben. Mit dem allem kann man es sich wohl ein wenig ausmalen, wie es wäre, wenn wir Ruhe hätten. Und das alles kann und darf man wohl auch brauchen, wenn man die Ruhe schon gefunden hat – wie Kinder, wenn sie an ihren Ort gebracht sind, spielen dürfen und mit Nutzen und Vorteil spielen werden. Was aber nicht möglich ist, das ist dieses, daß wir uns mit dem allem Ruhe verschaffen könnten. Warum nicht? Darum nicht, weil wir ganz einfach um Gott wissen müssen, um uns behütet zu wissen in der Unruhe, um also Ruhe zu haben. Um Gott aber kann man nur durch Gott wissen. Uns müßte durch Gott selbst über Gott Bescheid gesagt sein. Uns müßte durch Gott selbst die Vergebung unserer Sünde und das ewige Leben zugesprochen sein. Uns müßte die Herablassung Gottes widerfahren sein. Kurzum: uns müßte Jesus Ruhe gegeben haben. Und eben das sagt er uns. Eben das ist das Eine, was wir von Ihm hören dürfen: «Ich will euch Ruhe geben.» Das dürfen wir hören von ihm selber, der die Herablassung Gottes ist. Was er gibt, das ist eben Ruhe. Und wem er gibt, was er zu geben hat, der hat die Ruhe.

«Der Herr ist mein Hirte, mir wird nichts mangeln» (Psalm 23,1)

ZUFRIEDEN

Der hat tatsächlich Alles, der Gott hat: schwerlich so, wie er es haben möchte, aber umso sicherer so, wie Gott will, daß er Alles habe, und darum so, daß er sich zufrieden geben kann. Er lasse sich nur an Gott genügen. Der Mensch hat keine eigene Herrlichkeit, die ihm Zufriedenheit erlauben würde. Der Mensch ist nicht genügend. Darum kann er auch in keiner Weise an sich selber Genügen haben. So gewiß er nur der Mensch und nicht Gott, ja mit Gott im Widerspruch ist! Aber wer in Allem, von Allem bedroht, auf die Herrlichkeit Gottes sieht, der ist in dieser ganzen Bedrohung wirksam und endgültig getröstet. Dieses Getröstetsein durch die Herrlichkeit Gottes ist die echte Zufriedenheit. Das eben ist Gottes Herrlichkeit, daß Gott die Fülle seines Gottseins nicht für sich behält, sondern beweist und mitteilt, daß er darin und so sich selbst genügen will, daß er unser Hirte ist. Wo das gesehen und gehört ist, da kann die Antwort nur lauten: «Mir wird nichts mangeln!» Aller Mangel könnte immer nur in einer Verschlossenheit gegenüber der Herrlichkeit und also in einem Widerstand gegenüber dem Hirtenwalten Gottes auf unserer Seite bestehen. Die Herrlichkeit Gottes ist ja die Liebe Gottes. Wie kommen wir dazu, hier verschlossen und widerspenstig zu sein? Mir wird, so gewiß der Herr mein Hirte ist, nichts mangeln, auch dies nicht, daß ich verschlossen und widerspenstig sein müßte.

«Sorget nicht!» (Matthäus 6,25)

UNBEKÜMMERT

Man kann nicht glauben und sorgen, sondern man kann, wenn man glaubt, nur glauben und in diesem Glauben alle seine Sorgen auf den Herrn werfen. Wenn man es anders hält, dann glaubt man eben nicht, und dann ist man allerdings verloren. Dann geht es auch praktisch nicht. Dann versagt man auch in der Wirklichkeit. Dann findet man keinen Halt mehr. Dann weiß man sich nicht mehr zu helfen. Dann fangen die langen Diskussionen wieder an und die kleinen Verlegenheiten. Da wird man wieder, was man gewesen ist, als man aufbrach, und die innere und äußere Kraft des Herrn ist wieder weg. Man ist wieder ein kleines Menschlein, ein bisschen allzu verwegen, ein bisschen allzu unpraktisch in der Art, wie man die Sache anpackte. Und dann – nun, dann ist es eben aus. Das Unglück in der Kirche besteht schlicht darin, daß die Menschen immer zu wenig geglaubt haben. Ach, sie haben ja immer so kräftig und so kühn geglaubt! Aber das Unglück war immer, daß sie im Glauben dann doch noch geschielt haben auf die andere Seite hin, wo es nicht mehr um Jesus ging, sondern um die Taktik und Praktik, um das eigene Ich und seine Wünsche und seine Verlegenheit, um die Menschen, um den Lauf der Welt. Hätten sie nur geglaubt, dann hätten sie nicht einmal so kühn zu glauben brauchen. Ein Senfkorn hätte die Kraft gehabt, Berge zu versetzen.

«Fürchtet euch nicht!» (Matthäus 10,26)

FURCHTLOS

Was sollen wir denn tun, daß die Völker wirklich den Frieden wollen? Vor allem, wir sollten nicht soviel Angst haben: vor den bösen Absichten des anderen nämlich. Natürlich kann man in der heutigen Welt Angst haben. Aber man kann noch manches, was man eben doch nicht tun soll. Jeder, der nicht so tut, als ob der liebe Gott am Sterben wäre und als ob der andere uns nächstens fressen werde, der tut damit das Seinige zum Weltfrieden. Und zweitens: Wer nicht Angst haben will, muss ein Mensch sein, der mit seinen eigenen Augen zu sehen, mit seinen eigenen Ohren zu hören und mit seinem eigenen Kopf zu denken entschlossen ist. Er darf sich durch keine öffentliche Meinung und durch keine Propaganda zu einem Massenprodukt machen lassen. Weil es so wenig freie Menschen gibt, darum ist der Friede so gefährdet. Ein Drittes: Keine Angst hat der, der für den Kummer und die Not seines Mitmenschen und für die Frage, wie er ihm ein bisschen beistehen könnte, ganz offen ist, dafür aber fähig ist, sich selbst mit seinen eigenen Ideen nicht so schrekklich ernst zu nehmen. Kriegsgefahr droht immer auch von daher, daß so viele irgendein Lineal verschluckt haben. Fort mit den Linealen! Wer nicht mit den anderen seufzen und dafür über sich selbst ein bisschen lachen kann, der ist ein Kriegshetzer. Noch eins: es braucht eine große Gottesfurcht, um selber wirklich den Frieden zu wollen.

«Mein Geist freut sich Gottes, meines Heilandes» (Lukas 1,47)

FREUDE AN GOTT

Wenn wir das Werk Gottes meinen, so meinen wir nicht eine letzte unheimliche Kraft, die wir irgendwie und irgendwo spüren, auch nicht das Schicksal, das wie ein eherner Ring die Welt zusammenhält, auch nicht eine von jenen Ideen, in denen wir zusammenfassen, was uns der höchste Wert ist, das Beste, das Höchste, das Schöne, das Wahre. Wir könnten von allen diesen Göttern nicht sagen: Mein Geist freuet sich seiner. Freuen können wir uns nur dessen, den wir nennen: Gott, meinen Heiland. Das heißt den, der gekommen ist, uns zu helfen, und der schon mit seiner Gegenwart uns sagt, daß wir Hilfsbedürftige sind. Was es auch sein möge um alles andere: Er ist es, der uns hilft, der sich unser annimmt, der uns Heil bringt mitten in das Unheil unserer Existenz. Das ist Gott der Heiland. Und dieses Gottes kann und darf man und muss man sich freuen. Über die anderen Götter mag man nachdenken, mag sich mit finsterem Gesicht dem Schicksal beugen, mag mit selbstbereitetem Trost, mag in Fanatismus seinen Ideen nachjagen. Aber wo ist da Freude? Freude ist das Rarste und Seltenste in der Welt. Fanatischen Ernst und Enthusiasmus und humorlosen Eifer haben wir genug in der Welt. Aber Freude? Das weist uns darauf hin, daß die Erkenntnis des lebendigen Gottes selten ist. Gottes, meines Heilandes, wenn wir ihn gefunden haben oder wenn er uns gefunden hat, seiner freuen wir uns.

«Lobe den Herrn, meine Seele!» (Psalm 103,1)

GOTT SEI DANK!

Es gibt unter den Christen viel zu viel griesgrämige und saure Gesichter. Du hast keinen Anlaß, und es tut dir nicht gut, so dreinzusehen. Du bist ein Werk Gottes. Indem er dir so viel Gutes getan hat, hat er dich geschaffen. Und nun besteht deine Aufgabe ganz schlicht darin, daß du der bist, als der du von ihm geschaffen, von ihm begabt worden bist. Sei jetzt der von ihm Begabte und versäume nicht, indem du das bist, das Lob Gottes zu singen, auch wenn du keine stattliche Stimme hast, und in der Freude, in die du versetzt bist, zu leben, auch wenn du sie nur unvollkommen sichtbar machen kannst. Das ist keine Kunst. Das kannst du auch. Daß das unter uns Menschen geschehe, das walte und schaffe Gott, der Vater, der Sohn und der Heilige Geist!

Herr, unser Gott, wir haben dir kein deiner würdiges Lob darzubringen, wenn du es nicht auf unsere Herzen und Lippen legen, wenn du nicht unser ganzes Leben, alle unsere Gedanken, Worte und Werke zu deinem Lob machen und als dein Lob annehmen willst. Daß du das tun wollest, darum bitten wir dich. Und wir bitten dich für die ganze Christenheit auf Erden, daß es ihr geschenkt werde, dich besser, aufrichtiger, kräftiger zu loben als bisher. Wir bitten dich, daß du dir in der ganzen verwirrten, entzweiten, geplagten Menschheit unserer Tage ein neues Lob bereiten mögest, indem du die Erkenntnis deines Erbarmens groß machst. Wir alle haben außer dir keinen Helfer. Amen.

«Meine Seele dürstet nach dem lebendigen Gott» (Psalm 42,2)

SEINE LEBENDIGKEIT

Das ist ein lebendiger Gott: ein Gott, der wirklich Gott ist. Kein fünftes Rad am Wagen, sondern das Rad, das alle Räder treibt. Kein Heiligtum abseits, sondern der da mit Gewalt in die Mitte tritt von allem, was ist. Keine dunkle Macht in den Wolken, der gegenüber der Mensch nur Sklave sein könnte oder der er wie ein mutwilliger Schulbube einem pedantischen Lehrer entrinnen müßte, sondern die klare Macht der Freiheit, die über allem und in allem ist und die im Menschen zuerst zu Ehren kommen möchte. Kein Gedanke, keine Ansicht, sondern die Lebenskraft, die die Todeskräfte überwindet, so real wie die Kraft der Elektrizität oder des Dynamits! Kein Schmuck der Welt, sondern ein Hebel, der eingreift in die Welt! Kein Gefühl, mit dem man spielt, sondern eine Tatsache, mit der man ernst macht, auf die man in allen Lagen mit beiden Füßen stehen kann, von der man sich nährt wie vom Brot, in die man sich zurückzieht wie in eine Festung, aus der man hervorbricht wie Belagerte, die einen fröhlichen Ausfall um den andern wagen nach allen Seiten. Das heißt ein lebendiger Gott. Du staunst, daß so etwas möglich sein soll? Ja, da wird's noch viel zu staunen geben. Wir ahnen ihn jetzt nur, den lebendigen Gott. Es ist keine Rede davon, daß wir ihn kennen, daß wir ihn «haben». Was ist das alles für ein unbeholfenes Seufzen und Stammeln, wenn wir's versuchen, etwas von ihm zu sagen!

«Ehre sei Gott in der Höhe» (Lukas 2,14)

SEINE HOHEIT

Der Gott des christlichen Glaubensbekenntnisses ist im Unterschied zu allen Göttern nicht ein erfundener, nicht ein endlich und zuletzt vom Menschen entdeckter Gott. Er ist nicht eine Erfüllung dessen, was der Mensch ohnehin zu suchen und zu finden im Begriffe war, sondern wir Christen reden von dem, der schlechterdings an die Stelle dessen tritt, was sonst «Gott» zu heißen pflegt, und also alles das verdrängt und allein die Wahrheit zu sein beansprucht. Wo der wahre Gott einmal gesehen wird, da stürzen die Götter in den Staub. Da bleibt er der Einzige. Er ist der, der über uns und auch über unseren höchsten und tiefsten Gefühlen, Strebungen, Intuitionen, über den Produkten des menschlichen Geistes, und wenn diese Produkte die sublimsten wären, steht. Und damit hängt zusammen: Gott ist nicht nur unbeweisbar und unerforschlich, sondern auch unbegreiflich. «Gott in der Höhe» bedeutet: der, welcher schlechterdings in sich selbst begründet und so wirklich ist und welcher uns immer wieder nur durch sich selbst offenbar ist und offenbar wird. Eben dieser Gott in der Höhe hat sich als solcher dem Menschen zugewendet. «Gott in der Höhe» heißt nicht: ein ganz Anderer, der mit uns nichts zu tun hat, sondern heißt: der, der aus der Höhe sich zu uns herniederneigt. Gott in der Höhe, das ist der Gott, der sich als der wirkliche Gott erweist, und also der, der in keiner Weise in unserer Hand ist und der sich unserer nun dennoch und gerade so angenommen hat.

«Dein ist die Macht» (Matthäus 6,13)

SEINE MACHT

Die Macht Gottes unterscheidet sich von jeder Ohnmacht. Es gibt auch eine Macht der Ohnmacht. Gott aber ist weder ganz noch teilweise Ohnmacht. Er unterscheidet sich von allen anderen Mächten dadurch, daß er kann, was er will. Gott ist allen anderen Mächten überlegen. Diese anderen Mächte drängen sich uns ganz anders auf als Gott. Gott ist nicht in der Reihe dieser weltlichen Mächte, etwa die höchste von ihnen; er ist nicht durch sie begrenzt oder bedingt. Er ist der Herr aller Herren. Und Gott ist nicht die «Macht an sich». Nicht von einem höchsten Inbegriff von Macht aus ist zu verstehen, wer Gott ist. Und wer den «Allmächtigen» Gott nennt, der redet in der furchtbarsten Weise an Gott vorbei. Denn der «Allmächtige» ist der Teufel. Wo Macht an sich Autorität sein und Recht setzen will, da haben wir es mit der «Revolution des Nihilismus» zu tun. Macht an sich ist böse. Die Macht Gottes ist dieser Macht an sich entgegengesetzt. Die Macht Gottes ist von Haus aus die Macht des Rechtes. Sie ist im Recht begründete Macht. Gottes Allmacht als Rechtsmacht ist Macht des Gottes, der in sich selber die Liebe ist. Was gegen diese Liebe streitet, das ist als solches Unrecht und darum auch nicht wirkliche Macht. Gottes Macht ist echte Macht. Diese Macht ist die Macht seiner freien Liebe in Jesus Christus, in ihm betätigt und offenbart.

Jesus sagt: «Ich habe euch erwählt» (Johannes 15,16)

SEINE WAHL

Es ist wirklich Gottes Gnade, Huld und Gunst, die dem Geschöpf damit widerfährt, daß Gottes Geheimnis in seiner Erwählung so bewegend in seinem Leben steht. Gott sagt wirklich Ja zu ihm, indem das geschieht. Und so ist es ein in seiner Gewißheit unbedingtes, das aller Selbstbestimmung des Geschöpfs vorangehende Ja: die Vorherbestimmung, unter der es unter allen Umständen leben darf. Es setzt uns in Bewegung, aber es stürzt uns nicht in Unruhe. Der Bereich der Unruhe ist der Bereich außerhalb der göttlichen Gnadenwahl: der Bereich des der Liebe Gottes widerstehenden Geschöpfs. Unruhig muß es sein, indem es sich mit diesem Widerstand selbst hat fallen lassen und nun, nachdem es den allein möglichen Halt fahren ließ, vergeblich nach einem anderen Halt sucht. Aber diesem Bereich der Unruhe ist es durch Gottes Gnadenwahl entrissen. Indem er Ja sagt zu ihm, ist Ja zu ihm gesagt: ohne Wenn und Aber, ohne Hintergedanken und Vorbehalt, nicht in zeitlicher, sondern in ewiger Treue. Die Frage, ob dieses Ja gelten oder nicht gelten könnte, die Sorge, wie man sich dieses Ja allenfalls verschaffen oder erhalten könnte, die Verzweiflung angesichts der immer wieder sichtbar werdenden Unmöglichkeit, von sich aus aus diesem Ja zu leben – das Alles liegt, indem Gottes Wahl sich ereignet hat, nur noch hinter seinem Geschöpf. Es ist bejaht, es hat gar kein anderes Leben mehr als das Leben aus dem Ja, so gewiß Gott dieses Ja gesagt hat und so gewiß Gott Gott ist. Ihm bleibt nur übrig, das so bestimmte Leben ruhig zu leben. Ihm bleibt nur die Bewunderung, das ehrerbietige Staunen vor der Tatsache des Geheimnisses, daß es dieses bejahte Leben leben darf.

«Gottes Gaben und Berufung können ihn nicht gereuen»
(Römer 11,29)

SEINE TREUE

Daß die Juden im Jahre 70 nicht aus der Weltgeschichte verschwunden sind, sondern – unter all den großen und kleinen Völkern ihrer antiken Umgebung gerade sie – fortexistiert haben und heute energischer als je fortexistieren, das hat, von der biblischen Botschaft her gesehen, seinen klaren Grund darin, daß Gottes Ratschluß in der Erwählung gerade dieses Volkes, in seiner Verbündung gerade mit ihm ein ewiger, ein unbeweglicher Ratschluß ist. Daß dieses Volk ein ungetreues Volk war, das von jeher ein Volk sein und einen König haben und eine Geschichte haben wollte wie andere Völker, das konnte an seines Gottes Treue nichts ändern. Indem die Erwählung und der Bund – in Jesus Christus nicht aufgehoben, sondern erfüllt! – bestehen, bestehen auch die Juden in der Weltgeschichte, ein Volk, das kein Volk und gerade so das Volk, das Volk Gottes ist, mit einer Geschichte, die keine Geschichte und gerade so, gerade in ihrer weltgeschichtlichen Problematik die wirklich menschliche Geschichte, die Geschichte des Menschen mit Gott ist. Indem die Juden diese sind, gilt von ihnen bis auf diesen Tag: «Wer euch antastet, tastet meinen Augapfel an» (Sach. 2,9). Gottes Augapfel kann aber niemand antasten.

«Da erschien die Menschenfreundlichkeit Gottes» (Titus 3,4)

SEINE MENSCHLICHKEIT

Gott bedarf keiner Unmenschlichkeit, um wahrhaft Gott zu sein. Es wäre eines falschen Gottes falsche Göttlichkeit, in und mit der uns nicht sofort auch seine Menschlichkeit begegnete. Solche falsche Göttlichkeiten sind in Jesus Christus ein für allemal zum Spott gemacht. In ihm ist ein für allemal darüber entschieden, daß Gott nicht ohne den Menschen ist. Nicht als ob Gott des Menschen bedürfte, um als sein Partner wahrhaft Gott zu sein. Er muß nicht für den Menschen, man denkt sogar: er müßte vielmehr gegen ihn sein. Aber das ist das Geheimnis, in welchem er uns in der Existenz Jesu Christi begegnet: er will in seiner Freiheit nicht gegen, sondern für ihn – er will faktisch des Menschen Partner und allmächtiger Erbarmer und Heiland sein. Ist es nicht so, daß in Jesus Christus, wie er uns in der Heiligen Schrift bezeugt ist, gerade echte Göttlichkeit auch echte Menschlichkeit in sich schließt? Da ist ja der Vater, der sich seines verlorenen Sohnes – der König, der sich seines zahlungsunfähigen Schuldners – der Samariter, der sich des unter die Räuber Gefallenen erbarmt. Ist Jesus Christus das Wort der Wahrheit, der «Spiegel des väterlichen Herzens Gottes», dann ist Nietzsches Satz, der Mensch sei etwas, was überwunden werden muß, eine freche Lüge. Dann ist gerade die Wahrheit Gottes diese und keine andere: seine Menschenfreundlichkeit.

Jesus sagt: «Es jammert mich des Volks» (Matthäus 15,32)

SEIN ERBARMEN

Der Ausdruck ist viel stärker, als diese Übersetzung verraten läßt. Der Ausdruck besagt: Die Not und das Leid, die Verkehrtheit und Ratlosigkeit, die Verlassenheit und Bedrohtheit dieses Volkes gingen ihm, Jesus – nicht nur nahe, sondern in sein Herz, in ihn selbst hinein. Er nahm es ihnen ab und auf sich, ließ es sein eigenes Elend sein, trug und ertrug es an ihrer Stelle. Und eben indem er das tut, wurde und war er ihnen – weit entfernt davon, ihrem Tun und Geschick in bloßer Sympathie zuzusehen – auch mehr als Prediger, Seelsorger, Tröster und Mahner, wurde und war er ihnen Helfer und Erretter: Schöpfer einer neuen Situation, eines neuen Daseins. Und das alles, indem er sich ihrer erbarmte. «Erbarmen» ist das Verhalten, in welchem einer für den anderen, der dessen bedarf, eintritt, für ihn da ist und handelt. Jesus war der Mensch, der in diesem Sinn «das Erbarmen tut.» Das ist seine Menschlichkeit. Er vollstreckt damit den Willen Gottes, daß er für die Menschen ist, für sie stirbt, um für sie zu leben. Er ist darum für uns Menschen, weil Gott selbst für uns ist. Und Gott selbst ist für uns, indem der Mensch Jesus für uns ist. In der Menschlichkeit Jesu spiegelt sich das Wesen Gottes selber. Zusammensein und mächtiges Füreinandersein sind zuerst und ursprünglich in ihm, dem dreieinigen Gott, selber. Er, Gott, liebt nicht nur, sondern ist die Liebe. Und eben sich selbst als die ewige Liebe betätigt und verkündigt er in der Welt in der Menschlichkeit Jesu.

«Siehe, Gottes Lamm, das der Welt Sünde trägt» (Johannes 1,29)

DER LASTTRÄGER

Das geschah in dem, was er als Gottes Sohn und Gesandter und in seinem Namen für die Welt, nämlich zu ihrer Versöhnung mit Gott und für einen jeden von uns, nämlich zu seinem Heil getan hat und noch tut. Er tat und tut es als der große, der unvergleichliche, der in seiner Art einzige wirkliche Lastträger. Es geschah, daß alle Sünden, alle Übertretungen, Verfehlungen, Verirrungen, Verkehrtheiten der ganzen Welt aller Zeiten und Länder – mit Einschluß der unsrigen – ihm aufgeladen wurden, als ob er sich ihrer schuldig gemacht hätte. Es geschah, daß er nicht klagte angesichts dieses Meeres von Greueln und nicht aufbegehrte gegen solche unerhörte Zumutung, sondern diese ganze Last willig auf sich nahm, unsere Sünde seine Sünde, unseren Jammer seinen Jammer sein ließ. Es geschah, daß er diese ganze Last trug: «hinauftrug ans Kreuz». Es geschah, daß er sie, indem er am Kreuz starb, wegtrug, abschaffte, auslöschte – die Welt und uns alle von ihr befreite. Das geschah. Es geschah aber noch mehr: als dieser große Lastträger und so als Vollstrecker der allmächtigen Liebe ist er auferstanden von den Toten, lebt, leuchtet und regiert er nun für immer, in Ewigkeit. Nicht als ein gewaltsamer Eroberer, sondern als dieser große Lastträger hat er die Welt zu seinem Reich und Eigentum gemacht und uns alle zu Genossen dieses Reiches berufen. Als unser Befreier wurde und ist er unser Gesetzgeber. Und was sein Gesetz von uns will, ist schlicht: daß wir als die durch Ihn, den großen Lastträger, Befreiten leben dürften und sollten.

«Und sie legte ihn in eine Krippe» (Lukas 2,7)

WEIHNACHTEN

Geboren zu werden braucht der Heiland nicht mehr. Er ist ein für allemal geboren. Aber einkehren möchte er bei uns. Der Ort, wo der Heiland bei uns einkehrt, hat mit dem Stall von Bethlehem das gemein, daß es da auch gar nicht schön, sondern ziemlich wüst aussieht: gar nicht heimelig, sondern recht unheimlich, gar nicht menschenwürdig, sondern auch ganz in der Nähe der Tiere. Unsere stolzen oder bescheidenen Herbergen und wir als ihre Bewohner – das ist doch nur die Oberfläche unseres Lebens. Es gibt darunter verborgen eine Tiefe, einen Grund, ja einen Abgrund. Und da drunten sind wir Menschen, jeder in seiner Weise, nur eben bettelarm dran, nur eben verlorene Sünder, nur eben seufzende Kreaturen, nur eben Sterbende, nur eben Leute, die nicht mehr aus noch ein wissen. Und eben da kehrt Jesus Christus ein, mehr noch: da ist er bei uns Allen schon eingekehrt. Ja, Gott sei Dank, für diesen dunklen Ort, für diese Krippe, für diesen Stall auch in unserem Leben! Da drunten brauchen wir ihn, und eben da kann er auch uns brauchen, jeden von uns. Da sind wir ihm gerade die Rechten. Da wartet er nur darauf, daß wir ihn sehen, ihn erkennen, an ihn glauben, ihn lieb haben. Da begrüßt er uns. Da bleibt uns schon gar nichts Anderes übrig, als ihn wieder zu begrüßen und willkommen zu heißen. Schämen wir uns nicht, da drunten dem Ochsen und Esel ganz nahe zu sein! Gerade da hält er es ganz fest mit uns Allen.

«Um die neunte Stunde rief Jesus laut: Mein Gott, warum hast du mich verlassen?» (Markus 15,34)

KARFREITAG

Was war das für ein Weg, der ihn dahin führte: hinein in das Schreckliche dieses Augenblicks? Das war Jesu, das war Gottes Weg hin zu uns: hinein in den dunklen Ort, an den wir alle gehören, weil wir Gott verlassen haben und immer wieder verlassen. Von seinem Vater gesendet, ging und kam Jesus zu uns und also an diesen Ort des Zornes und der Verborgenheit Gottes. Wozu das? Einfach und klar: um an der Stelle eines Jeden von uns der von Gottes Zorn Getroffene und von Gott Verlassene zu sein – damit außer ihm Keiner ein solcher sein müsse! Er ging hinein in die Gottverlassenheit, die uns zukäme, um sie auf sich zu nehmen, zu tragen, sie in der ihm gegebenen göttlichen Macht wegzutragen. Er schrie und fragte: «Mein Gott, warum hast du mich verlassen?», damit wir nicht mehr so fragen müßten. Sicher fehlt es in keinem Leben an Augenblicken, nein, Stunden, Tagen, Wochen, vielleicht Jahren, in denen wir uns des Gedankens nicht erwehren zu können meinen: wir möchten von Gott verlassen sein – wir, die ihn so oft verlassen haben. Wir irren uns aber samt und sonders, wenn wir so fühlen und denken. Gottverlassenheit kann im Lichte des Karfreitags nur noch ein Schatten, nur noch eine wüste Erinnerung, nur noch ein böser Traum sein. Es könnte wohl wahr sein, es ist aber nicht wahr – für dich nicht und für mich auch nicht, für Keinen – , daß Gott uns verlassen hat.

«Am Abend kam Jesus und trat in ihre Mitte» (Johannes 20,19)

OSTERN

Welch ein Kommen: heraus aus dem Bereich der alle Menschen bezwingenden Herrschaft des Todes – heraus aus dem Grab! Der an jenem Tag in die Mitte seiner Jünger trat, bestieg eben damit den ihm gebührenden Thron in der Mitte der ganzen Weltgeschichte. Frieden, einen guten Tag hat Jesus damals allen Menschen aller Völker und Zeiten, der ganzen sichtbaren und unsichtbaren Welt gewünscht, gebracht und geschaffen. Mitten in das ganze, jetzt himmelhoch jauchzende, jetzt zu Tode betrübte Menschenvolk ist an jenem Tage der gekreuzigte und auferstandene Jesus als ihrer aller Herr mächtig hineingetreten. Mitten hinein in all die Krankheiten und Naturkatastrophen, all die Kriege und Revolutionen, die Friedensschlüsse und Friedensbrüche, in all den Fortschritt, Stillstand und Rückschritt, in all das unschuldige und schuldige menschliche Elend geschah es zu seiner Zeit, daß er sich offenbarte als der, der er war, ist und sein wird: Friede sei mit euch! Was an jenem Tag geschah, das wurde, war und blieb die Mitte, um die sich alles Andere bewegt. Denn alles Ding währt seine Zeit, die Liebe Gottes aber, die in der Auferweckung Jesu Christi von den Toten am Werk war und zur Sprache kam, währt in Ewigkeit. Weil einmal auch das geschah, darum gibt es keinen Grund zum Verzweifeln, darum besteht aller Grund zum Hoffen – auch beim Lesen der Zeitung mit allen ihren verwirrenden und erschreckenden Nachrichten.

Jesus sagt: «Ich bin bei euch alle Tage» (Matthäus 28,20)

SEINE GEGENWART

Jesus Christus ist nicht ohne die Seinen. Er ist, der er ist, indem er in ihrer Mitte ist: die errettende und erleuchtende Mitte, in welcher sie den durch ihn erretteten und erhellten Umkreis bilden. Es kann dann nicht an dem sein, daß sich die Betätigung unserer Freiheit in einem Raum abspielte, wo unsere Beziehung zu Jesus Christus sich auf ein bloßes Zurückblicken und Ausblicken auf seine damalige und dereinstige Gegenwart reduzieren würde. Es kommt dann insbesondere nicht in Frage, daß Jesus Christus auch nur vorübergehend darauf angewiesen wäre, sich durch die werte Christenheit vertreten zu lassen. Der Mensch ist dann nicht sich selbst überlassen, sondern konfrontiert mit dem in seiner überlegenen Freiheit auch jetzt, auch hier wiederkommenden Versöhner und eben in dieser Konfrontation in seiner ganzen Problematik auch gehalten, gedeckt, getröstet, genährt und geführt. Indem er uns mitten in unserem Heute begegnet, mit uns ist alle Tage, ist er unser Aller Hoffnung. Das ist sicher, daß auch unser heutiger Tag ein Tag des lebendigen Jesus Christus ist. Mag es denn sein: auch ein Tag, an dem wir sündigen, auch ein Tag, an welchem die Erde bedeckt ist von so viel Leid, auch ein Tag des Teufels und der Dämonen. Entscheidend aber ist, daß er auch ein Tag Jesu Christi ist. Näher als jeder andere Mensch, ist Er eines jeden Menschen Nächster, der barmherzige Samariter unser Aller. Sein Heute ist ja wirklich das unsrige, unser Heute das seinige.

«Meine Gnade soll nicht von dir weichen» (Jesaja 54,10)

SEIN ZUSPRUCH

Ich, der Herr, bin dir gut, heißt das. Aber nicht nur so von weitem gut, sondern ich, der Herr, wende mich dir zu und tue das nicht als bloße Gebärde und mit leeren Händen. Ich, der Herr, nehme mich deiner an, noch mehr: ich, der Herr, will jetzt deine Sache, die Sache deines Lebens in meine Hand nehmen, zu meiner eigenen und so zu einer guten Sache machen. Weil du so ein feiner Mensch bist, weil du das verdient hast? Nein, nein, nicht darum! Aber weil ich es so wähle und will, dir gnädig zu sein. «Meine Gnade» heißt: Du bist ein recht unnützer Knecht, aber als solchen will ich gerade dich in meinen Dienst nehmen. Du bist mir ein höchst zweifelhafter Freund – mein Feind oft eher als mein Freund! –, ich aber will dir ein guter, dein bester Freund sein. Du bist ein ungehorsames Kind – ach ja, wir alle sind nur eben seine ungehorsamen Kinder -, ich aber will dir ein treuer Vater sein. Das ist die Gnade, die nicht von dir weichen soll. Wieso nicht? Einfach darum nicht, weil sie Gnade ist und also ganz und gar nicht von dir abhängt – weil sie meine Gnade, nicht menschliche, sondern Gottesgnade ist! Darum kann und wird sie nicht von dir weichen. Sie mag dir eine verborgene Gnade sein, aber sie soll nicht von dir weichen. Sie mag und muß dir weithin eine harte, eine strenge Gnade sein, die dir auch manchmal weh tut, aber sie soll nicht von dir weichen. Wir sind allesamt undankbare Stümper ihr gegenüber, aber sie soll nicht von dir und nicht von mir und nicht von uns allen weichen!

«Ich habe Lust an deinem Gesetz» (Psalm 119,77)

SEIN ANSPRUCH

Die Form, durch die das Gebot Gottes sich von allen anderen Geboten unterscheidet, besteht darin, daß es Erlaubnis ist: Gewährung einer bestimmten Freiheit. Alle anderen Gebote bedeuten, daß dem Menschen von irgendwoher dreingeredet, um nicht zu sagen: dreingepfuscht, daß er von irgendeiner Seite – und am schlimmsten dann, wenn er anfängt, sich selber Gebote aufzuerlegen – geplagt wird. Sie sprechen dem Menschen allesamt ein Mißtrauen aus: es möchte gefährlich sein, ihn frei zu geben; er werde die Freiheit gewiß mißbrauchen. Sie jagen ihm von den verschiedensten Seiten Angst ein. Auf diese Angst sprechen sie ihn an; diese Angst flößen sie ihm selbst ein; in dieser Angst erhalten sie ihn. Ihr Gebieten ist wesentlich ein Verbieten, das Verweigern aller möglichen Erlaubnisse. Das Gebot Gottes setzt den Menschen in Freiheit. Das Gebot Gottes erlaubt. So und nicht anders gebietet es. Wenn Gottes Gebot und die anderen Gebote dasselbe tun, ist es gar nicht dasselbe. Das Gebot Gottes wird den Menschen nicht zwingen, sondern es wird die Tore des Zwangs, unter dem er selbst gelebt hat, sprengen. Es wird ihm nicht mit Mißtrauen, sondern mit Vertrauen begegnen. Es wird nicht an seine Angst, sondern an seinen Mut appellieren, und es wird ihm nicht Angst, sondern Mut einflößen. So ist es, weil das Gebot die Gestalt der Gnade Gottes ist: das sanfte Joch und die leichte Last, die auf uns zu nehmen schlechterdings unsere Erquickung bedeutet. Sie bereitet uns Gott, indem er uns sein Gebot gibt.

«Es lasse die Erde aufgehen Gras, Kräuter und Bäume»
(Genesis 1,12)

KRÄUTER UND BÄUME

Die im Gehorsam gegen Gottes Wort sprossende Pflanzenwelt wird nicht das einzige lebendige Geschöpf bleiben. Sie ist aber das erste von ihnen und aller anderen Voraussetzung. Lebendig ist alle Kreatur in dem, was sie mit der Pflanze gemeinsam hat, und lebendig bleibt sie, indem sie in der Pflanzenwelt ihre Nahrung findet. Dieser gedeckte Tisch gehört notwendig in die Mitte des von Gott gebauten Hauses. Der Mensch braucht sich nicht bekümmert umzusehen. Gott hat für ihn gesorgt, bevor er ihn schuf. Man beachte freilich auch, daß er nicht in der Lage sein wird, sich das, dessen er bedarf, von sich aus zu nehmen. «Aller Augen warten auf dich, daß du ihnen Speise gebest.» Indem die Schöpfung in dieser Ordnung verläuft, ist auch aller hochmütige und eigenmächtige Zugriff des Menschen unmöglich gemacht. Ohne ihn und bevor er war, waren Kräuter und Bäume. Sie haben auch eigene Würde und Lebensberechtigung. Dann erst, nach ihnen wurde der Mensch durch Gottes Willen und Wort zum Nutznießer ihres Überflusses eingesetzt. So lebt der Mensch, indem er zu leben anhebt, von Gottes Gnade, gerade indem er von diesem ihm zuvor gedeckten Tisch lebt. So ist jeder Bissen, von dem er sich nährt, indem er Zeichen ist, in, mit und unter dem Zeichen die Gnade selber, von der der Mensch leben darf, ohne die er nicht leben würde. Wird seine Souveränität über Pflanzen und Tiere in etwas Anderem bestehen als darin, daß er mehr als diese anderen Erdenkreaturen zu danken haben wird?

«Es wimmle das Meer und Gevögel fliege auf Erden» (Genesis 1,20)

FISCHE UND VÖGEL

Es handelt sich um das Meer und den Luftraum und also um die dem Menschen von Natur ferneren und fremderen Räume, in denen der Mensch sich entweder gar nicht oder dann nur künstlich und vorübergehend aufhalten kann, um die gefährlichen, weil dem Chaoselement nahen Räume. Eben da beginnt durch Gottes Schöpferbefehl das Leben der selbständigen Kreatur. So tief unten oder so weit draußen will er anfangen mit seinem Werk an und mit solchen Wesen. So mächtig ist seine Barmherzigkeit. So sehr ist er Herr und Meister des Ganzen und also auch in jenen Grenzgebieten. Wo der Mensch schon den Rachen des Todes geöffnet zu sehen meint, eben da lässt Gott es «wimmeln» und fliegen. Es ist ein zutrauenerweckendes Schauspiel, das ihm da geboten wird. Die Lebensangst vor der Ungeheuerlichkeit des geschöpflichen Raums muss offenbar weichen, der Lebensmut zum Wagnis der Existenz in diesem Raum muss offenbar erwachen, wo dieses Schauspiel offene Augen findet, wo das Zeugnis der Fische und Vögel vernommen wird. Leben schon jene so gefährdeten Völker, dann wird auch der so viel geborgenere Mensch getrost dasselbe tun dürfen. Gibt es dort gerade keine Ungeheuer, befindet er sich, auch wenn er dorthin blickt, unter lauter entfernten Freunden und Verwandten, was sollte er denn auf dem festen Boden, wo Gott ihn erschaffen hat, zu fürchten haben? Was könnte ihn hier erschrecken, wenn es dort nichts zu erschrecken gibt?

«Gott machte die Tiere auf Erden» (Genesis 1,25)

KAMERAD TIER

Die biblische Schöpfungssage hat den Menschen in dieser Gesellschaft gesehen: in der Kameradschaft der zahmen, der kriechenden, der wilden Tiere. Wenn es wahr ist, daß der Mensch edler ist als diese, so ist es auch wahr, daß er auch dieser Kreatur bedarf, während sie seiner durchaus nicht bedürftig ist. Der Partner Gottes im Gnadenbund zu sein, wird er und nur er gewürdigt werden. Er wird aber in dem Allem diesen Gefährten, das Tier, bei sich haben. Es wird Alles, was zwischen Gott und ihm sich ereignen wird, von einem Geschehen, von Leben und Tod, auch im Tierreich bedeutsam begleitet werden und in diesem Geschehen seine Zeugen haben, die auch da nicht verstummen werden, wo die menschlichen Zeugen versagen werden, die manchmal lauter und eindringlicher reden werden als alle menschlichen Zeugen. Es wird sich des Menschen Heil und Unheil, des Menschen Freude und Leid im Wohl und Wehe dieser seiner animalischen Umgebung widerspiegeln. Es wird das Tier, nicht als selbständiger Partner des Bundes, aber als Begleiter des Menschen mit im Bunde, Mitgenosse seiner Verheißung und auch des seine Verheißung beschattenden Fluches sein. Es wird mit dem Menschen voller Angst, aber auch voller Gewißheit auf seine Erfüllung warten und wird mit ihm aufatmen, wenn sie vorläufig geschehen ist und endgültig geschehen wird.

«Gott blies ihm lebendigen Odem in seine Nase» (Genesis 2,7)

EHRFURCHT VOR DEM LEBEN

Alles Menschenleben ist als solches von einer besonderen Feierlichkeit umgeben. Es will als solches in immer neuer Verwunderung gewürdigt sein. Es geht darum, daß ein jeder sein Dasein und das jedes anderen Menschen in Ehrfurcht behandle. Nicht es selbst verschafft sich solchen Respekt. Wenn nämlich der Mensch im Glauben an Gottes Wort dessen gewahr wird, daß und wie Gott ihn in seinem kleinen Dasein von Ewigkeit her erwählt und geliebt und was er in der Zeit für ihn getan hat, dann begegnet ihm im Menschenleben der Aufruf zur Ehrfurcht, weil eben der lebendige Gott sich seiner so angenommen hat. Man kann ruhig sagen: es ist die Geburt Jesu Christi die Offenbarung des Gebotes der Ehrfurcht vor dem Leben. Sie gibt ihm in jeder, auch der zweifelhaftesten Gestalt, den Charakter des Einmaligen, Einzigartigen, Unwiederholbaren, Unersetzlichen. Sie entscheidet darüber, daß es ein Gut ist, als Mensch da sein zu dürfen. Sie charakterisiert das Leben als die unvergleichliche und nicht wiederkommende Gelegenheit zum Lobe Gottes. Damit erhebt sie es zu einem Gegenstand der Ehrfurcht. Sie ist als die dem Menschen gebotene Ehrfurcht nicht maßlos. Das Leben ist kein zweiter Gott, und so kann die ihm geschuldete Ehrfurcht der vor Gott nicht gleich sein. Sie ist vielmehr limitiert durch das, was Gott von dem von ihm erwählten Menschen haben will. Ihm gehört ja des Menschen Leben. Er leiht es ihm.

«Als Mann und Frau schuf Gott sie» (Genesis 1,27)

MANN UND FRAU

Gott existiert in Gemeinschaft. Weil er in sich selbst nicht einsam ist und so auch nach außen nicht einsam bleiben will, darum ist es dem Menschen nicht gut, allein zu sein. Menschlichkeit ist in ihrer Grundform Mitmenschlichkeit. Daß dem so ist, steht uns darin vor Augen, daß wir nicht Mensch sagen können, ohne entweder Mann oder Frau und ohne zugleich Mann und Frau sagen zu müssen. Es ist die Frau dem Mann, der Mann der Frau in eminentem Sinn der andere Mensch, der Mitmensch, den zu sehen und von dem gesehen zu werden, zu dem zu reden und den zu hören, dessen Beistand zu erfahren und dem Beistand zu leisten höchstes menschliches Bedürfnis, aber auch höchstes menschliches Problem, aber auch höchste menschliche Erfüllung bedeuten muss. Es soll und muss sich das eine durch das andere gefragt wissen: Kannst und willst du dafür einstehen, daß auch deine Art menschlich ist? Kannst du mir das so zeigen, daß ich es auch verstehe? Es müßte wohl viel typisch Männliches einfach darum ungesagt und ungetan bleiben oder ganz anders gesagt und getan werden, wenn es der Mann bedächte, daß er sich damit in den Augen der Frau, für die er ein so großes Fragezeichen bedeutet, als Mensch erweisen soll. Und genau dasselbe wäre auch von dem weiblichen Reden und Handeln zu sagen. Es gibt für beide nur ein zufälliges, ein äußeres, ein vorläufiges und vorübergehendes Allein- und Fürsichsein. Ihr Sein ist in Wahrheit immer und unter allen Umständen ein Sein mit dem Anderen.

«Entziehe sich eins nicht dem andern» (1. Korinther 7,5)

LEBENS-GEMEINSCHAFT

Man tritt in die Ehe und ist in der Ehe, weil man erkannt hat, daß Gott es im Besonderen so von Einem haben will und daß man es aus diesem Grunde tun darf und muss. Berufung zur Ehe ist Berufung zu solcher Lebensgemeinschaft. Ehe ist mehr als Liebe. Ehe ist die Bewährung der Liebe. In der Ehe geht es nämlich darum, das Ja der Liebe im Ernstfall zu wiederholen. «Im Ernstfall» heißt: in einem Leben, das nun eben Leben ist: Arbeit und Sorge, Freude und Leid, Gesundheit und Krankheit, Jungsein und Altwerden, Auseinandersetzung mit den kleinen und großen, inneren und äußeren, individuellen und sozialen Fragen – aber nun Alles irgendwie miteinander, Alles in der besonderen Zuwendung des Einen zum Anderen, Alles im Gleichschritt des Einen mit dem Anderen. Lebensgemeinschaft heißt aber nicht so etwas wie Gleichschaltung. Als das Besondere, was beide je für sich sind, haben sie sich «gefreit». Ehe ist Gemeinschaft in dieser gegenseitig gewährten und beiderseits gelebten Freiheit. Es geht um die Freiheit in der Gemeinschaft. Ehe als Lebensgemeinschaft ist das Verharren in der Ausrichtung eines bestimmten Mannes auf eine bestimmte Frau und umgekehrt. Treue Liebe heißt: Man hat es nun eben mit diesem Anderen zu tun – selber ganz und mit ihm in seiner Ganzheit. Da wird dann auch eine Atmosphäre geschaffen, ein «Haus» gebaut, das eine Herberge, ein Refugium vielleicht für viele Andere werden kann und dessen Geheimnis doch ganz in jenem zutiefst Freudigen besteht, das in seinem Innersten – wirklich nur unter vier Augen – Ereignis ist und immer wieder Ereignis wird.

«Kinder sind eine Gabe des Herrn» (Psalm 127,3)

KINDER

Eltern leben damit für ihre Kinder, daß sie ihnen in der Zuversicht vorstehen, daß Gott der ist, der wie für sie selbst so auch für diese Kinder einsteht: er als ihr Fürsprecher, er als ihr Fürsorger, er als der, der in Wahrheit für sie lebt – sie selbst mit allem, was sie für sie sein und tun können, nur als seine Zeugen. Wahre elterliche Autorität wird damit ausgeübt, daß die Kinder dessen gewahr werden, daß die Eltern selbst unter einer Autorität leben. Auch Autorität kann letztlich nur bezeugt werden. Die Eltern werden bedenken, daß ihre Aufgabe eine begrenzte ist. Sie können ihr Kind nicht einmal an Leib und Seele gesund machen, geschweige denn «glücklich», geschweige denn zu einem «tüchtigen Menschen», geschweige denn, daß sie es zu einer Gott wohlgefälligen Kreatur, zu einem Christen machen könnten. Sie können überhaupt nichts aus ihm machen. Sie können nur ihr Bestes tun, das aber in das Eigentliche des Lebens des Kindes niemals hineinreichen wird, um dann demütig stillstehen zu müssen, angesichts dessen, was Gott mit ihm will, angesichts des Kindes höchst eigener Entwicklung nach dieser oder jener Seite. Sie können es, indem sie alles tun, was sie in ihrer Verantwortlichkeit tun können und müssen, nur in Gottes Hand befehlen, von dem sie es empfangen haben. Und das wird schließlich das Beste sein, was Eltern für ihre Kinder tun können: wenn sie bedenken und danach sich auch richten, daß der heilige Geist der eigentliche Täter des Guten ist, zu dem sie als Menschen ihre Kinder nur eben hinleiten können.

«Freue dich in deiner Jugend» (Prediger 11,9)

JUGEND

Jugendlich im guten Sinn des Wortes wäre ein solches Tun zu nennen, in welchem sich der Gehorsam gegen Gottes Gebot in besonderer Weise als Schritt in die Freiheit von der Vergangenheit erkennbar macht. Auch der junge Mensch hat vielleicht schon starke Eindrücke, aber doch noch wenig Erfahrung. Es gibt Alte, die nur zu viel davon haben. Daß der junge Mensch noch relativ unerfahren ist, das kann die Chance bedeuten, daß es ihm jedenfalls nicht gerade nahegelegt ist, bereits ein Gewohnheitsmensch, ein Routinier, ein Traditionalist oder auch ein Blasierter, ein Relativist, ein Skeptiker zu sein. Er sollte eigentlich einer gewissen Unabhängigkeit und auch einer gewissen fruchtbaren Verwunderung noch fähig sein. Er sollte noch wenig Grund haben, ernstlich enttäuscht, gegenüber allzu vielen Menschen geradezu␣vergrämt zu sein. Er sollte sich eigentlich auch noch nicht langweilen müssen. Auch die Vorstellung von einem ihn blind beherrschenden Schicksal dürfte ihm eigentlich noch fern liegen. Weil ihm das Alte noch weniger imponiert haben kann, darum kann ihm das Neue des Gebotes in seiner Neuheit noch stärker einleuchten. Er kann zum Gehorsam noch freien Atem haben. Wenn er das in der Unbefangenheit und Aufgeschlossenheit tut, die ihm als einem Jungen eigentümlich sein dürfte, dann handelt er jugendlich und dann auch exemplarisch für alle Älteren, die genau in diesem Sinn auch jugendlich denken sollten, um Gottes Gebot gehorsam zu sein.

«Als ich ein Mann wurde, tat ich ab, was unmündig war»
(1. Korinther 13,11)

LEBENSMITTE

Dazu, reif zu sein, mögen die mittleren Lebensjahre dem Menschen ganz besondere Gelegenheit bieten. Es könnte der Blick des nicht mehr jungen und noch nicht alten Menschen ganz besondere frei sein von den Nebeln, die dem jungen Menschen die Dringlichkeit der Entscheidung noch – und von den Schatten, die sie dem alten Menschen schon verhüllen können. Die Erkenntnis könnte sich ihm ja aufdrängen: Jetzt gilt's! Die Aussaat liegt dahinten, jetzt darf und soll geschnitten werden. Der Anlauf ist genommen, jetzt darf und soll gesprungen sein. Die Vorbereitungen sind getroffen, jetzt kann eigentlich nur noch das Wagnis des Werkes selbst stattfinden. Er hat schon gelebt und er darf noch leben. Er hat ja nun eine immerhin beträchtliche Vergangenheit und also Erfahrung. Sie sollte ihn aber noch nicht müde und starr gemacht haben. Er sieht auch in einiger Entfernung bereits das Ende, die «Nacht, da niemand wirken kann». Er sieht sie aber immerhin noch in solcher Entfernung, daß ihn der Gedanke daran weder zur Resignation noch zu einer Torschlußpanik versuchen, sondern eben nur zur gemessenen Eile antreiben sollte. Er könnte also für das Jetzt und für das ihn in seinem Jetzt beanspruchende Gebot Gottes eigentlich nach rückwärts wie nach vorwärts ganz besonders frei sein. Sein Lebensstand in der Mitte zwischen den Zeiten hat zugleich den Charakter der Erweiterung und der Sammlung. Wird er seine Gelegenheit erkennen und ergreifen?

«Auch im Alter verlass mich nicht» (Psalm 71,17)

ALTER

Was würde die Weisheit des Alters im Ernst heißen dürfen? Christlich ist das höchst Positive dazu zu sagen, daß gerade der alte Mensch die außerordentliche Chance hat, eben von dem leben zu müssen, nein, zu dürfen, was er früher oft genug fröhlich gesungen haben mag: «Mit unsrer Macht ist nichts getan, wir sind gar bald verloren; es streit' für uns der rechte Mann, den Gott hat selbst erkoren!» Es könnte ihm jetzt praktisch einleuchtend werden, daß er doch eigentlich schon bisher faktisch ganz allein von Gottes freier, unverdienter Barmherzigkeit gelebt hat, daß alle seine eigenen freien Entscheidungen und Taten gerade nur so viel wert waren, als ihnen in diesem fremd und von außen auf sie fallenden Lichte zukommen konnte. Zum «existentiellen» Verständnis der Rechtfertigungslehre könnte jetzt, jetzt die rechte Zeit für ihn angebrochen sein. Aber eben damit dann auch eine neue, letzte Zeit eigener freier Entscheidungen und Taten gerade in der fröhlichen Hoffnung jenes fremden Lichtes! Und damit auch die rechte Zeit, um endlich einzusehen, daß jenes fremde Licht auch über dem bekannten Lauf der Welt und über all den von ihm so gründlich durchschauten «Leuten» leuchtet, und also die rechte Zeit, um noch einmal nach allen Seiten aufgeschlossen und auch ein bisschen milder und eben damit dann auch hilfreicher zu werden.

«Die Hungrigen füllt er mit Gütern» (Lukas 1,53)

LEERE HÄNDE

Unser Vater im Himmel! Unser Leben ist so verwirrt: zeige uns die Ordnung, die du ihm gegeben hast und neu geben willst! Unsere Gedanken sind so zerstreut: sammle du sie um deine Wahrheit!
Unser Weg liegt so dunkel vor uns: geh voran mit dem auch uns verheißenen Licht! Unser Gewißen klagt uns an: laß uns erkennen, daß wir aufstehen dürfen, um dir und unserem Nächsten zu dienen! Unser Herz ist unruhig in uns: Herr, gib uns deinen Frieden! Du bist die Quelle alles Guten, bist selber das Gute, neben dem es kein anderes gibt. Du willst es ja nicht so haben, daß ein Jeder für sich dich suche und allein mit seinen Problemen fertig zu werden unternehme. Du willst, daß wir in unserem Elend und in unserer Hoffnung ein einiges Volk von Brüdern seien. Als solches Volk geben wir uns jetzt die Hand, um dir gemeinsam zu danken und unsere immer wieder so leeren Hände gemeinsam nach dir auszustrecken. Amen.

«Wer sich selbst erhöht, der wird erniedrigt» (Matthäus 23,12)

DER VERDRÄNGTE GOTT

Das ist die göttliche Demut und gerade in deren Erweis die unbegreiflich hohe und wunderbare Gottestat: Gott wird und ist wie wir. Wir aber, für die Gott so Gott ist, wir wollen sein wie Gott. Des Menschen Sünde ist des Menschen Hochmut, das menschliche Tun, das dem göttlichen Tun in Jesus Christus nicht entspricht, sondern widerspricht. Es ist ja nicht wahr, daß Gott ein solcher Herr ist, mit dem den Platz tauschen zu wollen irgend einen Sinn hätte. Es ist ja nicht wahr, daß es den Menschen auch nur von ferne bedrücken könnte, Gottes Knecht zu sein. Gott ist ja von Anfang an sein ihm real und total gnädiger Herr, der ihm das ihm Heilsame nicht nur nicht vorenthält, sondern überreich schenkt. Mehr noch: er will ihn gerade als seinen Knecht an seinem Herrschen teilnehmen lassen. Wie täuscht sich der Mensch im Vollzug jener tollen Verwechslung vor allem über Gott! Indem er sich selbst an der Gnade Gottes vorbei und unter Abschüttelung seiner Verantwortlichkeit ihm gegenüber wählt, wählt er das in sich Nichtige. Er macht Gott zum Teufel. Denn wenn es einen Teufel «gibt», so ist er identisch mit dem Grenzbegriff eines einsam selbstherrlichen und also «absoluten» Wesens. Und daß der Mensch sich, indem er jene Ausrichtung wählt, dem Teufel verschreibt und «zum Teufel geht», das wird sich nicht leugnen lassen. So sieht der Mensch aus, den Gott in Jesus Christus mit sich selbst versöhnt. Auf seine

Unternehmung hat er mit der ihr entsprechenden Gegenmaßnahme geantwortet: er erniedrigte sich selbst.

«Ihr werdet sein wie Gott» (Genesis 3,5)

DER VERSKLAVTE MENSCH

Es ist absurd, daß der Mensch Gott sein will. Der Mensch wird zum Unmenschen, indem er das will. Gerade als Gottes Knecht könnte und dürfte er wesentlich und vollständig Mensch sein. Wie streitet er gegen sich selbst, indem er sich gegen diese Ordnung auflehnt! Wo er sich zu erheben gedenkt, da stürzt er in die Tiefe. Im Akt seines Aufstandes wird der Knecht zum Sklaven. Sein Tun durchbricht und verunstaltet das Verhältnis von Schöpfer und Geschöpf, von Gott und Mensch. Es kehrt es in einem unwürdigen Possenspiel sehr real um und richtet damit im Raum des geschaffenen Seins die denkbar größte Verwirrung an, schafft eine Scheinwelt, in der «unten» auf einmal «oben», das große Vorher ein kleines Nachher wird, in der jeder Maßstab falsch, jedes Wort zum Selbstwiderspruch, jede Tat verkehrt wird. Sofort wird auch die Geschöpfwelt dadurch in Mitleidenschaft gezogen. Es kann nicht anders sein, als daß der Mensch, der Gott gegenüber den Herrn spielen will, vor allem auch nach der Herrschaft über den anderen Menschen greifen und daß ihm dieser Andere mit demselben Zugreifen begegnen wird. Der Kampf um die Macht – um die Macht der beiden Geschlechter, um die Macht der Individuen, die der Völker, der Klassen und Stände muss jetzt beginnen und mit ihrem Kampf der Vollzug eines gegenseitigen Gerichts, das ein Gericht ohne Gnade sein wird. Das bedeutet aber den Einbruch des Chaos in den Raum der Schöpfung.

« Wer Sünde tut, der ist der Sünde Knecht » (Johannes 8,34)

HERRENLOSE GEWALTEN

Des Menschen Entfremdung von Gott schließt sofort seine Selbstentfremdung in sich, die darin besteht, daß er herrenlos zu existieren beginnt. Nicht daß seine Herrenlosigkeit daran etwas zu ändern vermöchte, daß Gott sein Gott ist! Es ist aber für den Menschen schlimm genug, daß er solche Flucht in die Herrenlosigkeit unternehmen möchte. Wie er selbst Gott gegenüber, so spielen sich jetzt die verschiedenen Gestalten seines eigenen Könnens gegen ihn selbst aus. Seine Fähigkeiten werden nun zu herrenlos hausenden Gewalten. Die Weltgeschichte ist auch die Geschichte der unübersehbar vielen Absolutismen, lebenskräftig genug, um ihm, der ihr Herr sein sollte und dürfte, über den Kopf zu wachsen. Da hilft keine Beschwörung der menschlichen Freiheit: sie sind die wahren Motoren der Gesellschaft. Eine von den herrenlosen Gewalten: Mammon. Geld ist in seiner ganzen inneren Wertlosigkeit ein Inbegriff so ziemlich aller menschlichen Werte – nicht das Geld als solches, aber das Geld, das der Mensch zu haben meint, während es in Wahrheit ihn hat, und zwar darum hat, weil er es ohne Gott haben will. Wir merken es nicht, in wie vielen Abhängigkeiten dieser Art wir alle existieren. Es wäre aber besser, wir merkten, was da mit uns gespielt wird, weil wir dann wissen, was wir tun, wenn wir bitten: « Es komme dein Reich!» – daß es da nämlich um die gnädige Entlarvung und schließlich Aufhebung dieser uns beherrschenden Absolutismen geht.

« Wo ist dein Bruder Abel? » (Genesis 4,9)

EINSAMKEIT

Wie sollte der Mensch im Menschen seinen Bruder suchen und finden, wenn er es Gott verwehren will, sein Vater zu sein? Die notwendige Folge seiner Verschlossenheit in der Vertikale ist seine Verschlossenheit, seine Einsamkeit in der Horizontale. Ohne die Erkenntnis Gottes gibt es kein sinnvolles Nebeneinander von Mensch und Mensch, keine echte Mitarbeit, kein echtes Mitleiden, keine echte Mitfreude, keine echte Sozietät. Und Arbeit, die nicht Mitarbeit ist, ist geschäftiger Müßiggang. Freude, die nicht Mitfreude ist, ist leeres Ergötzen. Leiden, das nicht Mitleiden ist, ist dumpfes Weh. Der Mensch, der nicht Mitmensch ist, ist Unmensch. Ist er ohne ihn, dann ist er nämlich gegen ihn. Man muß aber auch die Umkehrung sehen: Wähle ich den anderen Menschen gegenüber mich selbst in meiner Einsamkeit, so betrete ich den Bereich der noch furchtbareren Einsamkeit, in der mir Gott nicht mehr Gott sein kann. Bringe ich es fertig, den Menschen zu verachten, so wird mir auch mein noch so willig und freudig dargebrachtes Lob Gottes im Halse stecken bleiben. Bin ich ein bloßer Nutznießer meines Nächsten, dann meine ich bestimmt, mir auch Gott bloß zunutze machen zu können, und werde es unter Schmerzen erleben, daß er sich das nicht gefallen läßt. Ich habe immer schon Gott gehaßt, geschmäht, beleidigt, ich habe immer schon gegen Gott Krieg geführt, indem ich das Alles meinem Bruder zugewendet habe. Bin ich unmenschlich, so bin ich eben damit auch gottlos. Gott ohne den Mitmenschen ist eben eine Illusion, ein Götze.

«Laßt uns einen Turm bauen, dessen Spitze an den Himmel reicht»
(Genesis 11,4)

LEERLAUF

Sind uns alle die Verkehrsbeschleunigungen, die uns heute angeboten sind, wirklich unentbehrlich? Wegen der Zeit, die wir damit gewinnen? Als ob die vernünftigen Menschen vergangener Tage bei weniger raschem Verkehr für das wirklich Notwendige nicht genug Zeit gehabt hätten! Und als ob die Unvernünftigen unserer Tage nicht für das Notwendige bei aller Raschheit unseres Verkehrs immer noch zu wenig Zeit hätten! Wir können, wir wollen, wir vollbringen viel, immer mehr, aber die Räder laufen heimlich weithin leer, weil wir eine Macht wollen und brauchen, deren wir im Grunde durchaus nicht bedürfen, die wir teilweise vielleicht zu unserem Heil besser nie kennen gelernt, geschweige denn entfesselt hätten. Es kann nicht anders sein: die unsere wirkliche Lebensnotwendigkeit überschießende Macht, die Technik, die im Grunde sich selber Sinn und Zweck ist, die, um bestehen und um sich weiter verbessern zu können, immer neue problematische Bedürfnisse erst hervorrufen muß, muß wohl das Ungeheuer werden, als das es sich heute weithin darstellt, muß schließlich, absurd genug, zur Technik der Störung und Zerstörung werden. Aber der Mensch sollte nicht die Technik als «seelenlos» anklagen, sondern sich selbst, seinen vernunftlosen Willen zur Macht. Er selbst ist das Problem der neuzeitlichen Technik.

«Ihr Schreien über ihre Arbeit kam vor Gott» (Exodus 2,23)

DASEINSKAMPF

Daß die Arbeit zu tun ist, entspricht wohl dem Gebot Gottes des Schöpfers. Aber indem wir sie tun, beteiligen wir uns fast unentrinnbar an einem Widerspruch gegen das, was mit diesem Gebot gewollt ist. Hier muß deutlich werden, daß wir auch in unserem besten Tun verkehrte Menschen in einer verkehrten Welt sind. In einem Miteinander dürfte und müßte die menschliche Arbeit geschehen. Die Wirklichkeit aber ist gerade in der Welt der Arbeit der Kampf ums Dasein, ist die inhumane Humanität ohne und gegen den Mitmenschen. Der Eine will es hier besser machen als der Andere, weil er es besser haben möchte als er, zu seinem Vorteil, zum Nachteil des Anderen. Recht arbeiten kann man im Grunde nur, wenn man sich in die Hände arbeitet. Und nährendes Brot, durch die Arbeit zu erwerben, kann nur das mit dem Mitarbeiter geteilte Brot sein. Ginge es einem Jeden schlicht um das, was er wirklich braucht, dann würden die Menschen auch in ihrer Arbeit für ihr tägliches Brot beieinander sein. Die Herrschaft der leeren Begierden ist der eigentliche soziale Explosivstoff: der Begierde nach einem Überfluß, der nicht der schöne Überfluß des Lebens, sondern nur ein Überfluß des Nichtigen ist. Es ist klar, daß das Gebot Gottes immer der Aufruf zu Gegenbewegungen sein wird – zur Menschlichkeit, zur Parteinahme für die Schwachen. Und es ist klar, daß das in der Stimme der christlichen Gemeinde zum Ausdruck kommen muß. Ihr entscheidendes Wort kann nur in der Verkündigung der Revolution Gottes gegen alle «Gottlosigkeit und Ungerechtigkeit der Menschen» bestehen.

«Er hat keinen Gefallen an Narren» (Prediger 5,3)

DUMMHEIT

Sünde ist auch Dummheit und Dummheit ist auch Sünde. Wobei unter Dummheit streng das Verwerfliche zu verstehen ist, was die Bibel «Torheit» nennt. Darin äußert sich des Menschen Dummheit, daß er in der Meinung, – ohne Erkenntnis Gottes, ohne Gehör und Gehorsam seinem Wort gegenüber, – das Wesentliche zu treffen, gerade nie das Wesentliche trifft. Immer kommt er zu früh oder zu spät. Immer schläft er, wo er wachen sollte, und immer regt er sich auf, wo er ruhig schlafen dürfte. Immer schweigt er, wo er reden sollte, und immer führt er das Wort, wo Schweigen das allein gute Teil wäre. Immer lacht er, wo er weinen sollte, und immer weint er, wo er getrost lachen dürfte. Er will immer eine Ausnahme machen, wo die Regel gelten müßte, und immer unterwirft er sich einem Gesetz, wo er die Freiheit zu wählen hätte. Er werkelt immer, wo nur Beten, und betet immer, wo nur Arbeiten helfen würde. Immer streitet er, wo es nicht nötig, sondern schädlich ist, und immer redet er von Liebe und Frieden, wo einmal in aller Ruhe dreinzuschlagen wäre. Er führt immer den Glauben im Munde, wo es gelten würde, ein Stück gesunden Menschenverstands zur Sprache zu bringen, und immer vernünftelt er, wo man sich und Andere getrost in die Hände Gottes befehlen dürfte und sollte. Die Dummheit ist genial darin, alles zur Unzeit zu meinen, alles den unrichtigen Leuten zu sagen, das Einfache, das Notwendige, das eben jetzt Geforderte regelmäßig zu unterlassen, um dafür mit sicherem Instinkt das Komplizierte, das Überflüssige, das jetzt nur Störende zu wollen und zu tun.

«Sie haben Gottes Wahrheit verwandelt in Lüge» (Römer 1,25)

LÜGE

Des Menschen Lüge wird darin Ereignis, daß der Mensch Jesus Christus, dem ihm begegnenden wahrhaftigen Zeugen, auszuweichen versucht. Der ernsthafte Ausweicher, der in uns allen steckt, stellt die Wahrheit nicht in Abrede. Wahrlich, der Lügner leugnet sie nicht – das tut er nur, solange er noch Anfänger oder, altersschwach geworden, wieder zu seinen Anfängen zurückgekehrt ist. Der in seiner Vollkraft lügende Lügner bekennt die Wahrheit – nur, daß sie darin zur Unwahrheit geworden ist, daß sie in seinem Mund nur noch die von ihm in Griff genommene christliche Wahrheit sein soll. Nur, daß jetzt ihr Anstoß unschädlich gemacht sein sollte. So macht es die Lüge. Die richtige, saftige Lüge duftet immer nach Wahrheit. Die richtige, saftige Lüge trägt ein von Gerechtigkeit und Heiligkeit, von Weisheit und Umsicht, von Gottes- und Menschenliebe geradezu strahlendes Gesicht. Die Lüge ist die spezifisch christliche Gestalt der Sünde. Wieder hat die Christenheit Anlaß, zuerst an ihre eigene Brust zu schlagen, um dann erst fähig zu sein, auch die gemeine Lüge Lüge zu nennen, auch der profanen Wahrheiten sich ehrlich anzunehmen. In ihr müßte es Licht werden, wenn es in der Welt heller werden sollte. Eben in ihr wird es aber auch noch einmal zur Zerstörung der frommen Lüge kommen und also Licht werden. Unter uns mag die Lüge vorläufig viel ausrichten. Gegenüber Jesus Christus kommt sie auf ihren kurzen Beinen nicht einmal vorläufig auf.

«Wo viele Worte sind, geht's nicht ohne Sünde ab» (Sprüche 10,19)

SPRACHLOSIGKEIT

Die meisten Worte, die wir reden und hören, haben mit einem Gespräch zwischen Ich und Du, mit dem Versuch, miteinander zu reden und aufeinander zu hören nichts zu tun. Die meisten unserer Worte sind, ob geredet oder gehört, eine inhumane, eine barbarische Angelegenheit, weil wir sie nicht zueinander reden und weil wir dabei auch nicht aufeinander hören wollen. Wir reden sie, ohne uns suchen, ohne uns helfen zu wollen. Und wir hören sie, ohne daß wir uns finden, ohne daß wir uns helfen lassen wollen. So redet man im Privatgespräch, so in Predigten, Vorträgen und Diskussionen, so in Büchern und Zeitungsartikeln. Und so hört man und so liest man auch. Und so wird das Wort entleert zum bloßen Wort; so leben wir in einer Inflation des Wortes. Leer sind ja eigentlich nicht die Worte, sondern leer sind die Menschen, wenn sie leere Worte reden und hören. Leer und nichtig steht dann nämlich das Ich dem Du gegenüber. Man muß sich nur klar sein darüber, daß das Mißtrauen und die Enttäuschung hier wie überall der Weg nicht sind, um die Dinge besser zu machen. Indem wir miteinander reden und aufeinander hören können, ist uns jedenfalls die Möglichkeit zum Sein in der Begegnung offen gelassen, stehen wir jedenfalls schon oder immer noch auf der Schwelle zur Humanität. Es besteht, solange wir reden und hören können, kein Hindernis, daß das geredete und gehörte Wort sich dadurch füllen könnte, daß ihm der rechte Gebrauch zuteil wird.

«Herr, den du liebhast, der liegt krank» (Johannes 11,3)

KRANKHEIT

Krankheit ist ein Moment des Aufstandes des Chaos gegen Gottes Schöpfung, eine Kundgebung des Teufels und der Dämonen. Sie ist Gott gegenüber ohnmächtig, weil sie nur als ein Element des von ihm Verneinten wirklich, gewaltig, gefährlich ist. Krankheit ist ein Zeichen des Verderbens, dem gegenüber es außer in Gottes Erbarmen in Jesus Christus keine Errettung gibt. Ohne oder gegen Gott gibt es in dieser Sache nichts zu wollen. Wer das weiß, der müßte Gottes Treue mit Untreue erwidern, wenn er der Krankheit gegenüber die Hände in den Schoß legen wollte. Er soll genau das wollen, was Gott der Krankheit wie jenem ganzen Reich der Linken gegenüber immer schon gewollt hat: er soll mit Gott Nein zu ihm sagen. Ihm gegenüber zu kapitulieren, kann niemals Gehorsam gegen Gott sein. Ein Tröpflein Entschlossenheit im Widerstand gegen jenes Reich und so auch gegen die Krankheit ist besser als ein ganzer Ozean von angeblich christlicher Demut. Was bleibt noch hinzuzufügen? Nur dies, daß das, was wir als Krankheit kennen, in tiefer Verborgenheit auch eine Gestalt hat, in der es nicht nur die Macht des Teufels, sondern auch Gottes herzliches Wohlmeinen spiegelt. Es geht auch dann nicht um die Kapitulation vor der Krankheit, wohl aber um die Kapitulation vor Gott, der der Herr auch über die Krankheit ist, der dem Menschen auch darin gnädig ist, daß er ihn krank werden läßt. Es geht auch dann nicht darum, den Kampf gegen die Krankheit aufzugeben, wohl aber darum, daß jener Kampf die Geduld einschließen wird.

«Sende dein Licht» (Psalm 43,3)

LASS ES TAG WERDEN!

Herr, unser Gott und Vater, nun denken wir an die großen und kleinen Nöte dieser unserer gegenwärtigen Zeit und Welt: an die vielen Millionen von Hungernden, verglichen mit denen es uns so gut geht – an die finstere Bedrohung unserer schönen Erde durch die Atombombe – an die Hilflosigkeit, in der die großen Staatsmänner der Aufgabe gegenüberstehen, ein vernünftiges Wort miteinander zu reden – an die Schmerzen der Kranken und an die Verwirrungen der Geisteskranken – an das viele Versagen unserer öffentlichen Ordnungen und an die Torheit der meisten unserer Sitten und Gewohnheiten – an soviel Eitelkeit und Leerlauf auch in unserem geistigen und kulturellen Leben – an die Unsicherheit und Schwäche auch unseres kirchlichen Lebens – an soviel Kummer und Verwicklungen in unseren Familien und schließlich auch an all das Besondere, was jeden Einzelnen unter uns heute betrüben und belasten mag.

Herr, laß es Tag werden! Herr, zermalme, brich, zerstöre alle Macht der Finsternis! Heile du uns, Herr, so werden wir heil! – wenn es im Ganzen noch nicht sein kann, dann doch im Kleinen und Vorläufigen: als Zeichen, daß du lebst und daß wir trotz allem dein Volk sind, das du durch alles hindurch deiner Herrlichkeit entgegenführst. Du allein bist gut. Dir allein gebührt die Ehre. Du allein kannst und wirst uns helfen. Amen.

«In allen Dingen laßt eure Bitten vor Gott kund werden„
(Philipper 4.6)

DIE AUFGE-SCHLOSSENE TÜRE

Das ist die aufgeschlossene Türe «zum schönen Paradeis». Nicht, daß Gott es nötig hätte, sich von uns erzählen zu lassen, was uns als Schatten quält – wohl aber, daß wir es wie Kinder vor ihn bringen dürfen, um mit ihm über Alles zu reden, was uns betrifft, das Große und das Kleine, die wichtigen und die unwichtigen, die klugen und die dummen Dinge: In allen Dingen lasset eure Bitte vor Gott kund werden. Wir dürfen ihm sagen, wie schwer uns Alles fällt, wie rätselhaft uns die Dinge und Menschen immer wieder vorkommen, was wir vor allem uns selbst vorzuwerfen haben und wie wenig wir mit den Anderen zu Rande kommen. Wir dürfen es kundtun: im Gebet und das heißt in großer und aufrichtiger Demut, im Flehen und das heißt in großer kindlicher Dringlichkeit und Zutraulichkeit, und mit Danksagung, das heißt, dankbar dafür, daß es so ist und daß wir das wissen dürfen: daß durch unseren Herrn im Grunde Alles schon in Ordnung gebracht ist, und dankbar dafür, daß wir so vor ihn treten dürfen. Und das Alles miteinander als unser Bitten, daß sein Angesicht auch inmitten der uns noch umgebenden Schatten nicht aufhöre, uns zu leuchten, und wir nicht müde werden in der Hoffnung auf deren Zerreißen, auf die Beseitigung der Nebel und Schleier, die uns jetzt noch plagen.

«Herr, lehre uns beten» (Lukas 11,13)

DER KLEINE SEUFZER

Gibt es einen Menschen, der sagen dürfte: Ich kann beten? Ich fürchte, der Mensch, der das sagen wollte, der könnte in Wahrheit gerade nicht beten. Umgekehrt wäre dem, der klagt: Ich kann nicht beten! zuzurufen: Gerade so bist du ganz nahe daran, in Wahrheit zu beten! Das wirkliche Beten ist ja etwas, was wir nicht machen können, sondern was geschieht – nicht auf Grund einer Fähigkeit, sondern auf Grund dessen, daß Gott uns angenommen hat als seine Kinder. Wenn wir seine Kinder sind, dann schreien wir auch zu ihm. Das Gebot der Bibel befiehlt uns: Bittet! Halt dir unseren Herrn Jesus Christus vor Augen, der am Kreuz auch für uns gebetet hat! Dir bleibt nichts anderes zu tun, als seine Gnade anzunehmen. Wenn du ja sagst zur Gnade Gottes, dann gehorchst du jenem Befehl, dann betest du. Dieser kleine Seufzer, mit dem wir zu Gott sagen: Ach ja! das ist das Gebet und die Quelle aller Gebete. Da steckt das ganze Vaterunser darin und jedes Miserere und Gloria, das die Kirche je gebetet hat. In diesem kleinen Seufzer steckt Alles, und Alles muß auch immer wieder zu diesem kleinen Seufzer werden. Da gibt es keine Kunst des Betens. Da gibt es nur das ganz schlichte Dürfen des Kindes Gottes. Daß du von diesem Dürfen Gebrauch machst, das ist es, was du tun sollst, wenn du nicht beten kannst.

«Ich glaube, Herr, hilf meinem Unglauben» (Markus 9,24)

GLAUBE

Im Ereignis des Glaubens geht es – es läuft da wirklich etwas! – darum, daß das Wort Gottes einen Menschen unter Vielen dazu befreit, eben dieses Wort als für die Welt, für die Gemeinde und für ihn selber schlechthin tröstlich und hilfreich, aber auch verbindlich zu bejahen. (Der Glaube ist) vergleichbar dem selbstverständlichen Aufgehen einer Knospe zur Blume und deren selbstverständlicher Wendung der Sonne entgegen oder auch dem selbstverständlichen Lachen eines Kindes, dem nun einmal etwas ihm Lustiges widerfahren ist. Es tut nichts zur Sache, daß es in der Regel ein ziemlich schwaches, im Luftzug des Lebens ziemlich flackerndes Glauben sein wird. Wer glaubt, der weiß, daß er «aus eigener Vernunft und Kraft» nicht glauben kann. Er wird es nur eben tun: angesichts des auch in ihm dauernd mitlaufenden Unglaubens. Er wird also seinen Glauben gerade nicht zu haben meinen, sondern nur wie die Israeliten das Man in der Wüste jeden Morgen neu ernstlich ins Werk setzen. Die Frage: ob der Glaube in irgendjemandes Bereich liege? ist eine leichtsinnige Frage. Die ernste Frage lautet aber: Ob jemand, auf das auch in seinem Bereich geschehene Werk und gesprochene Wort Gottes und auf die auch in seinem Bereich lebendige Macht des Geistes hingewiesen, es sich leisten kann, bei dem öden «Mir fehlt der Glaube» zu beharren? Oder ob er das Kokettieren mit seinem eigenen Unglauben unterlassen und in der auch ihm gegebenen Freiheit leben will?

«Die Güte des Herrn ist alle Morgen neu» (Klagelieder 3,22f.)

ANFÄNGER

Gläubiger, todernster Vertreter eines Standpunktes kann der Christ nicht gut werden. Man ist ja auch nie ein Christ, man kann es nur immer wieder werden: am Abend jedes Tages ziemlich beschämt über sein Christentum von heute und am Morgen jedes neuen Tages zufrieden, daß man es noch einmal wagen darf – mit dem Trost, mit dem Nächsten, mit der Hoffnung, mit dem Ganzen. Die christliche Gemeinde ist sich einig darin, daß sie aus lauter Anfängern besteht – und daß eben das wahrhaft Gute ist: noch einmal klein zu werden, von vorne anzufangen und also gerade an keinem Punkt stehen zu bleiben. Das ist die Einigkeit des rechten Glaubens. Es handelt sich um Glauben, weil das alles an Jesus hängt, der es nun einmal allein fertig bringt, die Menschen zu solchen schlichten, aber fröhlichen Anfängern zu machen. Es handelt sich um Glauben, weil es schon ein rechtes Wunder dazu braucht, daß ein Mensch sich vom Gesetz, vom Zwang, von der Feierlichkeit, von dem bösen Ernst aller Standpunkte – auch wenn er selber solche einnimmt – erlösen läßt. Wahrscheinlich darum gibt es nur so wenig Christen. Das beweist nichts gegen sie. Es wäre schrecklich, wenn es nur standpunktgläubige Menschen gäbe. Die wenigen Christen haben die schöne Aufgabe, den anderen zu zeigen, daß es auch noch einen anderen Glauben gibt als den «Standpunkt-Glauben».

«Jesus sprach zu ihm: Folge mir!» (Matthäus 9,9)

NACHFOLGE

Es ist Gnade, die diesem Menschen damit widerfährt. Daß er etwas tun soll, das will die ihm widerfahrende Gnade. Eben weil Jesu Gebot die Gestalt der dem Menschen konkret widerfahrenden Gnade ist, trifft es ihn auch in der Souveränität der Gnade, deren niemand würdig ist, die Keiner wählen, der gegenüber dann auch Keiner Vorbehalte anmelden kann. Der Ruf in die Nachfolge bindet den Menschen an den, der da ruft. So ist Nachfolge nicht die Übernahme eines Programms, eines Ideals, nicht der Versuch, ein solches zu verwirklichen. Jesus fordert ihn. Er fordert Vertrauen zu ihm. Die Nachfolge entsteht im Glauben, um sofort in der Tat des Jesus geleisteten Gehorsams zu bestehen. Der Ruf in die Nachfolge ist immer der Aufruf, im Glauben einen bestimmten ersten Schritt zu tun. Der Ruf bedeutet für ihn auf alle Fälle: Heraus! heraus aus dem Gehäuse alles dessen, was ihm noch eben vorhin als selbstverständlich, nützlich und möglich und zukunftsvoll erschien! Und heraus aus dem Gehäuse einer bloß innerlichen Bewegung, in der er faktisch noch nichts tut, sondern nur eben maikäfert in lauter Erwägungen. Der Ruf in die Nachfolge vollzieht einen Bruch. Das Reich Gottes offenbart sich ja in diesem Ruf: die in der Existenz des Menschen Jesus schon vollzogene Revolution Gottes. Ihrer Offenbarung hat der Mensch, den Jesus zu sich ruft, mit seinem Tun und Lassen zu entsprechen. Er würde seine Seele gerade damit verlieren, daß er die öffentliche Verantwortlichkeit nicht wahrnehmen würde, die er, indem er Jesu Jünger wird, auf sich nimmt.

«*Sie verließen alles und folgten ihm nach*» (Lukas 5,11)

NICHT SO SCHÜCHTERN

Christen sind Menschen, die ihren Herrn gefunden haben: daraufhin, daß er sie gefunden hat. Nach anderen Herren brauchen sie kein Bedürfnis zu haben. Das heißt nicht, daß sie respektlose Leute wären. Das heißt aber, daß sie aus aller Knechtschaft, Magie und Diktatur fröhlich entlassen sind: aus der ihrer Zeitung, aus der des Urteils der Leute, aus der der gerade herrschenden Stimmung und öffentlichen Meinung, aus der bestimmter starker Persönlichkeiten, Ideologien, Prinzipien, Systeme – nicht zuletzt aus der der Vorstellung einer absolut maßgebenden Bedeutung ihrer eigenen Überzeugung. Sie haben in aller Ohnmacht die Macht, Gott über alle Dinge zu fürchten und zu lieben. Sie sind darum Menschen, die gerade nur eine Sorge haben: sie könnten von Gott, seiner Güte und seinem Vermögen zu gering denken, zu wenig erwarten, im Blick auf ihn und auf sein Geheiß in Gedanken, Worten und Taten zu schüchtern sein, zu wenig wagen. Im übrigen brauchen sie keine Angst zu haben: vor der Zukunft nicht, nicht vor der übermächtigen Unvernunft und Bosheit irgendwelcher Anderer und nicht vor ihrer eigenen, vor dem Altwerden nicht, vor dem Einsamwerden auch nicht und auch nicht vor dem Sterben, vor keinem Schicksal und vor keinem Teufel. Sie versäumen es gewiß jeden Tag ein paarmal, von dieser ihrer Macht Gebrauch zu machen. Die Angst will gewiß auch sie beständig übermannen. Sie haben aber die Macht über sie, und sie können sie betätigen.

«Der Lahme konnte gehen und stehen» (Apostelgeschichte 3,8)

STEHEN UND GEHEN

Der Christ – eben das Geschöpf, das als Erstes weiß, daß es als Geschöpf nur im Staub unter Gott sein kann – eben er ist in seinem Glauben, indem und sofern er auch nur in einem kümmerlichen Bruchstück wirklich Glaube ist, mit Gott und also nicht unter und nicht in, sondern über den Wellen und Wolken des Weltgeschehens: Eben er ist mit Gott, als Kind dieses Vaters, als Erbe seiner Herrlichkeit, jetzt und hier schon ein freier Herr aller Dinge. Er sieht: auch da, wo nichts zu sehen ist. Er lacht über die falschen Weltbilder und Visionen: auch da, wo sie noch so große Kraft haben. Er steht und geht: auch da, wo ihn der Nachbar und wo er sich selbst ins Bodenlose meint fallen zu sehen. Er ist mutig, geduldig, fröhlich: auch da, wo nicht nur der Schein, sondern die ganze massive Weltwirklichkeit dagegen spricht, daß man das sein könnte. Er trotzt – und das nicht in irgendeinem künstlichen Krampf einer religiösen Überanstrengung, sondern weil ihm, indem er glauben darf, selber zuerst Trotz geboten und weil er dadurch gegen sich selbst und gegen die ganze Welt gehalten ist. Indem er seinen Herrn hat, kann, darf, muß er trotzen und mit ihm Herr sein. Aus seinem Darum! folgt ohne weiteres sein Dennoch, und was ihm noch fehlt, was er noch erwartet – sehnlichst, aber ohne Kummer – ist nur noch die Offenbarung seines Herrn als des Herrn auch des Weltgeschehens, die Offenbarung, daß auch sein Dennoch ein Darum ist. Das heißt seines Glaubens leben.

«Unser Herr – unbegreiflich ist er, wie er regiert» (Psalm 147,5)

CHRISTLICHE SACHKUNDE

Der Christ ist der eigentliche Kenner in Sachen von Gottes Weltherrschaft. Natürlich steht auch er jeden Tag aufs Neue vor den Rätseln des Weltlaufes, vor den Abgründen und Plattheiten, vor den blendenden Lichtern und vor den Finsternissen des allgemeinen Kreaturgeschehens, zu dem auch seine Lebensgeschichte gehört. Natürlich hat auch er keinen Generalschlüssel zu den zu jeder Stunde in neuer Form sich aufdrängenden Geheimnissen des großen Vorgangs der Existenz. Im Gegenteil: gerade er wird der sein, der weiß, daß es mit allen Generalschlüsseln, die der Mensch in seinen Händen zu haben meint, nichts ist. Unter allen gerade er wird den Ereignissen immer wieder als der Erstaunteste, der Betroffenste, der Erschrockenste oder auch Erfreuteste gegenüberstehen – gerade er nicht als der Schlaumeier, der jeweils Alles vorausgesehen und wieder einmal recht behalten hat, sondern viel eher wie ein Kind im Walde oder auch am Weihnachtsabend, ein von den ihm widerfahrenden Begegnungen und Erlebnissen, von den ihm auferlegten Sorgen und Aufgaben immer wieder richtig Überraschter, gerade er genötigt, immer wieder von vorn anzufangen. Das Alles aber, gerade weil und indem er weiß, um was es geht. Das Alles, weil und indem er mit der Stelle, von der Alles herkommt, von der direkt oder indirekt Alles auch ihm zukommt, im Einverständnis ist: das Geschöpf mit seinem Schöpfer, das Kind mit seinem Vater. Das ist die christliche Sachkunde in Sachen der göttlichen Weltherrschaft.

«Tragt ein jeder die Lasten des Anderen!» (Galater 6,2)

DES ANDEREN LAST

Beseitigen kann ja Keiner die Lasten des Anderen und so auch nicht die Belästigung, die er ihm bereitet. Gerade sie soll er auch gar nicht loswerden wollen! Tragen heißt: die gegenseitige Belästigung wechselseitig ertragen, aushalten, über sich ergehen lassen. Tragen heißt: Gebrauch machen von der Erlaubnis und Möglichkeit, sich die erfahrene Belästigung wechselseitig zu verzeihen. Tragen heißt: ein bißchen gütig miteinander umgehen, nicht als mit wüsten und bösen, sondern als mit armen und kranken Menschen – etwa so, wie es zwischen Patienten im gleichen Zimmer eines Spitals das Natürliche ist. Tragen ist also wohl das Gegenteil von Blindheit und Gleichgültigkeit gegenüber den beiderseitigen Rückfällen und Sünden, aber auch das Gegenteil von allem entrüsteten Anklagen und Dreinschlagen bei ihrem Anblick. Tragen besteht in dem Beistand, den man sich damit gegenseitig leistet, daß man sich samt den beiderseitigen Lasten auf- und annimmt als Gefährten auf einem Weg, den man gemeinsam betreten hat und nur gemeinsam weiter und zu Ende gehen kann. Zum Tragen wird auch das gehören, daß man den Balken im eigenen Auge entdeckt und sehr viel interessanter findet als den Splitter im Auge des Bruders. Damit verschafft man sich gemeinsam Luft, während alles Andere nur zu neuer Plage führen kann. Damit verändert sich – nicht Alles, aber Einiges. Indem ihr eure Lasten gegenseitig tragt, tut ihr im Kleinen und Einzelnen, was Er im Großen und Ganzen getan hat und tut – Er als der Gottessohn und vollkommene Heiland.

«Die Liebe sucht nicht das Ihre» (1. Korinther 13,5)

LIEBE

Der Tat der Liebe Gottes entspricht schlecht und recht die christliche Liebe. Ist diese ihre Nachbildung, dann ist auch sie Tat. Lieben heißt, das tun, was seliger ist als Nehmen: nämlich Geben. Der Eros nimmt. Der Liebende gibt. Nicht, daß er nichts empfinge! Er ist sogar der am herrlichsten Beschenkte auf Erden. Aber er genießt das nur, indem er gibt... Er gibt sich selbst her. Das klingt enorm, ist aber in Wahrheit gar nichts Besonderes. Er gibt damit nur heraus, was gerade nur in der Weise das Seinige sein kann, daß er es herausgibt. Er kommt wie ein Höhlenmensch heraus ans Offene, ein wenig blinzelnd, weil da die Sonne so hell scheint, ein wenig bedenklich, weil es da auch windet und regnet, aber er kommt heraus. Es wird sein Leben ein exzentrisches Leben, das seinen Mittelpunkt außerhalb seiner selbst hat. Es geht um Hingabe. Die wird sehr vielerlei Geben in sich schließen, auch die freie Hingabe von Geld, auch die Hingabe von Zeit.

Wo geliebt wird, da ist eine Hütte Gottes mitten unter den Sündern. Der echt liebende ist bestimmt auch ein fröhlicher Mensch. Und der echt fröhliche ist gewiß auch ein liebender Mensch. Daß er als von Gott Geliebter, indem er sein Tun nachahmt, in Gemeinschaft mit ihm existieren darf, das ist des Liebenden Seligkeit, auch wenn ihm von Seiten des Geliebten wie von einer steinernen Wand her keine oder eine wüste Antwort zurückkäme. Nicht um seiner Antwort willen, sondern weil er von Gott dazu frei gemacht ist, liebt er ihn ja.

«Baut euch zum geistlichen Haus!» (1. Petrus 2,5)

GEMEINSCHAFT

Erbauen heißt Zusammenfügen. Die Menschen bedürfen dessen, zusammengefügt zu werden. Denn als Menschen sind sie zunächst ein auseinanderstrebender Haufe. Zur Erreichung einzelner Zwecke mögen die Menschen auch sonst miteinander verbunden sein, aber eben darum nicht ganz verbunden. Zur Gemeinde versammelt sind sie zum Zweck aller Zwecke, muß ihre Verbindung also eine völlige, unbedingt haltbare sein: Verbindung nicht zu einem Kollektiv, in dessen Existenz der Einzelne belanglos wird, aber Verbindung in Freiheit! So heißt Zusammenfügen hier nicht die Herstellung eines fugenlosen Gebildes, wohl aber die Herstellung eines solchen, in dessen Fugen die Ecken und Kanten der einzelnen Bauelemente zueinander passen, so daß sie sich gegenseitig zu halten und zu tragen vermögen. Wo Zwei oder Drei versammelt sind im Namen Jesu, da werden sie sich gegenseitig als die von ihm Zusammengeführten erkennen und anerkennen. Die Liebe baut die Gemeinde. Die Liebe besteht darin, daß sie, von Gott, von Jesus zusammengefügt, sich auch unter sich zusammenfügen, um so das Gemeinwesen zu sein, das für seinen Dienst in der Welt brauchbar ist. Wie ein Mensch für sich, ohne seinen Mitmenschen, kein Mensch wäre, so wäre auch ein Christ für sich, getrennt von der Gemeinschaft der Heiligen, kein Christ. Die königliche Freiheit seines Glaubens ist die Freiheit, in ihr mit Brüdern und Schwestern zusammen in dem ihr zugewendeten Besitz und in dem ihr befohlenen Dienst zu stehen.

Jesus sagt: «Ich lebe und ihr sollt auch leben» (Johannes 14,19)

LEBEN-DÜRFEN

Du mußt ja gar nicht, du darfst ja leben! Leben ist ja von Gott geschenkte Freiheit. Leben wollen ist ja das Wollen in dieser Freiheit, in der der Mensch gerade nicht Souverän und gerade nicht einsam ist, sondern Gott als den Schöpfer, Geber und Herrn seines Lebens unter allen Umständen über sich hat. Warum willst du Souverän sein wollen und damit einsam, und dann sicher so oder so lauter Leere um dich her entdecken, dann verzweifeln und zuletzt an Selbstmord denken müssen? Das Alles wäre ja nur für dich, wenn du leben müßtest, wenn Leben nicht von Gott geschenkte Freiheit wäre. Aber damit ist es ja von der Wurzel aus nichts: Gott ist dir gnädig. Was folgt daraus? Daß du einfach davon leben darfst und, weil er Gott ist, auch leben kannst, daß er dir gnädig ist. Daß du es also einfach annehmen darfst: Er ist Souverän und nicht du. Er hat und trägt die Verantwortung für dein Leben und nicht du selbst. Er macht daraus, was er will, nicht, was du wollen zu müssen dir einbildest. Er rechtfertigt, heiligt, rettet und verherrlicht dich: nicht von dir ist das verlangt. Von dir ist gerade nur das verlangt, daß du es dabei sein Bewenden haben lassest. Dann findest du dich von ihm umgeben von allen Seiten, dann kannst du nicht verzweifeln: gerade nicht an dir selbst, nicht an deinem Leben, wie verfehlt und unglücklich oder wie unnütz es sich dir auch darstelle. Es ist – du selbst bist Gottes Eigentum und darum sind alle Engel Gottes mit dir.

«Meine Zeit steht in deinen Händen» (Psalm 31,16)

GUTE ZEIT

«Was du von der Minute ausgeschlagen, bringt keine Ewigkeit zurück.» Was wissen wir, ob das, was wir wissentlich oder unwissentlich eben jetzt ausschlagen, nur ein Kleines und Entbehrliches ist und nicht die Wendung, in der nach rückwärts und vorwärts über unser ganzes Sein in der Zeit entschieden wird. Jetzt, jetzt darf nicht geträumt werden: weder vom Vergangenen noch vom Künftigen. Jetzt gilt es zu wachen, gilt es zu empfangen oder zu handeln, zu reden oder zu schweigen, Ja oder Nein zu sagen. Weil wir unter und vor Gott sind, indem wir jetzt sind, darum gibt es vor der Wichtigkeit des Jetzt kein Ausweichen, darum für das Versäumnis oder den Mißbrauch des Jetzt keine Entschuldigung. Darum freilich auch in unserem Jetzt keine Abwesenheit seiner Gnade und Barmherzigkeit. Das ist in allem Ernst das Freudige unserer Gegenwart: daß wir in ihr, weil Gott der zuerst und eigentlich Gegenwärtige ist, auch in unserem Schwachsinn und Stumpfsinn, auch in unserem Versäumen und Mißbrauch des uns Gebotenen von ihm nicht verlassen, nicht uns selbst überlassen sind, sondern je jetzt auch damit rechnen dürfen, daß er Sünden vergibt, irrende Kinder behütet, müde Wanderer ihre kleinen, stolpernden Schritte dennoch tun läßt, daß er weise ist auch über unserer Torheit, gut auch über unserer Bosheit, wach, auch wenn wir wirklich schlafen und vom Vergangenen und Künftigen träumen, wo wir unser Jetzt, das so nicht wiederkommen wird, auskaufen sollten. Er wird uns dann auch in der von uns nicht erkannten und nicht benützten oder mißbrauchten Besonderheit seiner Gegenwart doch nicht umsonst gegenwärtig gewesen sein.

«Ein jegliches hat seine Zeit» (Prediger 3,1)

BEJAHTE GRENZEN

Daß das Geschöpf durch Gottes Erhaltung fort und fort sein darf, heißt: es darf als Geschöpf in seinen Grenzen sein. Es darf seinen Ort im Raum, seine Frist in der Zeit haben. Es darf hier anfangen, dort aufhören. Es darf kommen, bleiben und wieder gehen. Es darf die Erde begreifen und den Himmel nicht begreifen. Es darf hier frei, dort gebunden sein, hier offen, dort verschlossen. Es darf dieses verstehen, jenes nicht verstehen, dieses können, jenes nicht können, dieses vollbringen, jenes nicht vollbringen. Es ist keine Unvollkommenheit, kein finsteres Schicksal, daß es so, in diesen Grenzen, sein darf. Es hat die Freiheit, das Seinige zu erfahren und zu leisten, zu tun, was es kann, und daran genug zu haben. Eben in dieser Freiheit ist es von Gott erhalten. Eben in dieser Freiheit ist es unmittelbar von Gott her und zu Gott hin. Eben in ihr ist es bereit zur Erfüllung seiner Bestimmung, nämlich dazu, durch Gottes Gnade von Gottes Gnade zu leben. Gerade daß es hier und jetzt, gerade daß es so und so und nicht anders ist, ist seine Gelegenheit. Und gerade indem es sich diese seine Gelegenheit recht sein läßt, gerade indem es von ihr den rechten Gebrauch macht, lobt es seinen Schöpfer. «Ich will dem Herrn singen mein Leben lang und meinem Gott spielen, solange ich bin.» Auf die Unvollkommenheit, auf das finstere Schicksal stößt das Geschöpf immer erst dann, wenn es Gott eigenmächtig loben, wenn es seine Grenzen nicht wahrhaben oder sich nicht rechtsein lassen will.

«Ihr seid teuer erkauft» (1. Korinther 7,23)

MENSCHENWÜRDE

Die Christen können, dürfen und sollen das Dasein und Handeln Gottes für den Menschen, die Auszeichnung, mit der er ihn behandelt, damit abbilden, daß ihnen eben der Mensch zum ausgezeichneten Gegenstand ihres Interesses wird. Eben das tun sie schlicht damit, daß sie über alles Andere hinweg nach dem von Gott in seiner ganzen Verkehrtheit und Misere geliebten Menschen ausblicken – ihn den eigentlichen Gegenstand ihres Interesses sein lassen – sein Recht, sein Leben, seine Freiheit, seine Freude zu ihrem Thema machen. Um den Menschen geht es ihnen. Sie sind von Haus aus «Humanisten». Ihnen kann es also um keine Sache als solche gehen, sondern um jede Sache nur im Blick darauf und mit der Frage danach, ob und inwiefern sie der Sache des Menschen, seiner Würde – relativ, bis auf weiteres – zugute kommt oder abträglich ist. Keine Idee, kein Prinzip, keine überkommene oder neu aufgerichtete Institution oder Organisation kann ihnen Apriori ihres Denkens, Redens und Wollens sein. Wo würde nämlich der Mensch dem Menschen in scheußlicherer Weise zum Wolf als da, wo er ihm im Namen irgendwelcher Absoluten entgegentreten zu sollen meint? Weil es ihnen um den Menschen geht, darum können sie zu allen Prinzipien nur relativ Ja oder Nein sagen, darum müssen sie allen unwidersprechlich gelten wollenden Prinzipien geradezu Widerstand leisten.

«Ihr seid zur Freiheit berufen» (Galater 5,13)

FREIHEIT

Es ist wahr, daß ein freier Mensch, soweit das Sinn hat, auch nach Unabhängigkeit streben wird. Der freie Mensch ist aber nicht gezwungen, von jedem äußeren Zwang unabhängig sein zu wollen. Er kann sich auch allerlei unerwünschte Disziplin gefallen lassen.

Man kommt der Sache näher, wenn man die Freiheit als des Menschen Überlegenheit gegenüber dem, was ihn von innen her zwingen will, beschreibt. Die Worte und Taten des freien Menschen lassen ihn als einen erkennen, der seinen Respekt vor der Wichtigkeit seiner eigenen Person, seine Angst vor seinen Minderwertigkeiten, seine Zähigkeit in der Hochachtung einmal erwählter Ziele, seine Sorge um seinen guten Ruf jedenfalls in Kontrolle hat.

Aber Negation der Unfreiheit kann auch in ihren edelsten Formen immer nur eine Vorbereitung zur Freiheit sein. Freie Menschen sind positiv denkende und handelnde Menschen: jeder ein Zeichen der Hoffnung, des Trostes, der Ermutigung für viele noch unfreie! Sie brauchen sie also gerade zugunsten dieser noch Unfreien.

Wir tun einen letzten Schritt: es versteht sich nicht von selbst, daß es freie Menschen gibt. Freiheit ist freies Geschenk. Der freie Gott, vor dem alle sich als Unfreie bekennen müssen, der sich aber gerade der Unfreien annehmen will und längst angenommen hat, ist der Ursprung der Freiheit. Er schafft immer neu freie Menschen. Und die wahrhaft entscheidende Betätigung ihrer Freiheit wird jeden Morgen neu in der Anrufung bestehen: «Herr, mach uns frei!»

«Es ist nicht gut, daß der Mensch allein sei» (Genesis 2,18)

DER MITMENSCH

Wer den Menschen ohne den Mitmenschen sieht, der sieht ihn gar nicht. Wer nicht zum vornherein, vom ersten Blick und Wort an weiß und in Rechnung zieht, daß der Mensch einen Nächsten hat, der sieht ihn gar nicht. Wir fragen nach des Menschen Helligkeit im Lichte des Menschen Jesus: im Lichte der Tatsache, daß der Mensch Jesus für ihn ist. Er ist wohl der Heiland des Menschen, der seine Menschlichkeit verleugnet. Daraus folgt aber nicht, daß er aufgehört hätte, ein Mensch zu sein, und daß es uns erlaubt oder gar geboten wäre, ausgerechnet seine Unmenschlichkeit als seine Menschlichkeit zu interpretieren, das Werk seiner Sünde für das Werk der guten Schöpfung Gottes zu halten. Es ist die Tatsache, daß er in dem Menschen Jesus seinen Heiland hat, der Beweis dafür, daß er nicht aufgehört hat, ein Mensch zu sein. Es zeigt die Tatsache, daß der gute Hirte sich auch zu seines, des verlorenen Schafes Gunsten aufgemacht hat, daß er ihn nach wie vor zu seiner Herde rechnet. Das ist es, was die Idee eines Menschen ohne den Mitmenschen zum vornherein unerträglich, undiskutierbar macht. Unmenschlichkeit ist jede angebliche Menschlichkeit, die nicht schon in der Wurzel Mitmenschlichkeit ist. Die Humanität jedes Menschen besteht in der Bestimmtheit seines Seins als Zusammensein mit dem anderen Menschen. Nicht indem er für sich, sondern indem er mit dem anderen Menschen zusammen ist, ist er konkret menschlich, entspricht er seiner Bestimmung, Gottes Bundesgenosse zu sein, ist er das Wesen, für das Jesus ist, und also der wirkliche Mensch.

«Der Herr hat die Fremdlinge lieb» (Deuteronomium 10,18)

AUSLÄNDER

Wo Gottes Gebot laut und vernommen wird, da erweisen sich die Begriffe Heimat, Vaterland, Volk als erweiterungsfähig. Wer im Gehorsam lebt, der kann, ohne untreu zu werden, auch in der Fremde zuhause sein. Nicht überall, wo es ihm gut geht, wohl aber überall da, wo er zum Tun des Guten aufgerufen ist, wird er auch sein Vaterland wieder finden. Und wenn er dem Ausländer und seiner Art auch mitten im eigenen Volk und Land begegnen sollte, so wird er nur davon bewegt sein, die inneren Kräfte seines eigenen Volkes und Landes so zu stärken, daß es viel Ausland – vielleicht auch viele Ausländer, die in ihm eine zweite Heimat suchen – nicht nur ertragen, sondern sich zu eigen und in seinem eigenen Leben wie nach außen fruchtbar machen kann. Wogegen, was in einem Lande der «Überfremdung» nicht aus innerer Kraft als das tatsächlich Bessere widerstehen kann, sondern verfällt, auch nicht wert sein dürfte, mit äußerlichen Mitteln gegen sie verteidigt zu werden. Es gibt in jedem Lande einheimischer Gepflogenheiten genug, für die eine gründliche Beeinflussung und Überholung durch fremde Menschen und ihre Art höchster Gewinn wären. Das eigene Volk in seinem Raum kann und darf keine Wand sein, sondern nur eine Türe. Sie darf jedenfalls nie verriegelt, geschweige denn zugemauert werden.

«Was willst du?» «Daß ich sehend werde» (Markus 10,51)

DER AUGENBLICK

Das ist der humane Sinn des Auges: daß der Mensch dem Menschen Auge in Auge sichtbar werde. Die Redensart «Das geht mich nichts an» und «Das geht dich nichts an» ist fast unter allen Umständen eine mißliche Redensart, weil sie fast unter allen Umständen meint: das Sein dieses und dieses Mitmenschen geht mich und mein Sein geht diesen und diesen Mitmenschen nichts an; ich will weder ihn sehen, noch mich von ihm sehen lassen, meine Offenheit hat ihm gegenüber ihre Grenze. In dem Maß, als wir aus uns herausgehen, uns also nicht weigern, den Anderen zu erkennen, uns nicht fürchten davor, auch von ihm erkannt zu werden, existieren wir menschlich, und wenn wir im übrigen in den tiefsten Tiefen der Menschheit existieren. (Es muß nicht so sein, aber es ist eine Erfahrungstatsache, daß man dort, wo man mehr von der Tiefe als von den Höhen der Menschheit wahrzunehmen meint, nun doch viel humaner ist als auf jenen angeblichen Höhen!) Die Teilnahme, die man einander ganz schlicht damit gewährt, daß man sich sieht und sehen läßt, ist der erste unentbehrliche Schritt in die Humanität, ohne den alle folgenden nicht getan werden können. Großer, feierlicher, unvergleichlicher Augenblick, wo es zwischen Mensch und Mensch nun vielleicht zum «Augenblick», nämlich dazu kommt, daß sie sich in die Augen blicken, sich gegenseitig entdecken!

«Eine heilsame Zunge ist ein Baum des Lebens» (Sprüche 15,4)

MITEINANDER REDEN

Ich und Du müssen reden, Ich und Du müssen hören, und zwar miteinander reden, aufeinander hören. Das ist der humane Sinn der Sprache. Sprache heißt umfassend: gegenseitige Aussprache und gegenseitiges Vernehmen von Aussprache, gegenseitige Ansprache und gegenseitiges Vernehmen von Ansprache. Keines von diesen vielen Elementen darf fehlen. Es hängt also für den humanen Sinn des menschlichen Mundes und des menschlichen Ohres alles daran, daß der Mensch und der Mitmensch miteinander reden und aufeinander hören, daß die Aussprache und die Ansprache eine gegenseitige ist. Man kann bekanntlich wie aneinander vorbeisehen, so auch aneinander vorbeireden und vorbeihören. Wenn das geschieht, dann bedeutet das immer, daß wir faktisch nicht in der Begegnung und also unmenschlich sind. Zwei Menschen können sehr offen, eingehend und eifrig zusammen reden: ist es aber so, daß ihre Worte doch nur ihrem eigenen Bedürfnis dienen, daß sie, indem sie zusammen reden, doch nur ein Jeder sich selbst bestätigen und helfen wollen, so werden sie einander bestimmt nicht erreichen. Aus zwei Monologen kann nun einmal kein Dialog werden. Es beginnt der Dialog und damit die Menschlichkeit der Begegnung dann und erst dann, wenn das hinüber und herüber gesprochene Wort zum Mittel wird, je den Anderen zu suchen, dem Anderen zu helfen, das heißt: ihm in der Verlegenheit, die der Eine dem

Anderen bereitet, zurecht zu helfen. Man wird dann nicht aneinander vorbei, sondern miteinander, zueinander reden.

«Ihr dient dem Herrn und nicht den Menschen» (Epheser 6,7)

WIDER DEN STROM

Daran hat sich nichts geändert, daß ein Christ inmitten seiner – auch seiner angeblich, vielleicht auch sehr bewußt christlichen – Umgebung immer ein seltsamer und bedrohter Vogel sein wird. Der Weg der Christen kann nun einmal, wie solidarisch sie sich mit ihr wissen und verhalten mögen, nicht der der Welt – und wohl am allerwenigsten der einer vermeintlich christianisierten Welt – sein. Sie werden von der sie bewegenden Stelle her im Großen und im Kleinen ihren eigenen Weg gehen müssen und darum in dem, was sie denken, sagen und vertreten – hier bemerklich, dort weniger bemerklich, aber im Grunde immer – Fremdlinge sein, an denen man Anstoß zu nehmen viel Anlaß haben wird. Sie werden den Einen als allzu asketisch erscheinen und den Anderen als allzu unbesorgte Lebensbejaher – hier als Individualisten und dort als Kollektivisten, hier als Autoritätsgläubige und dort als Freigeister, hier als Bourgeois und dort als Anarchisten. Sie werden selten bei der in ihrer Umgebung herrschenden Mehrheit zu finden sein. Sie werden jedenfalls nie mit dem Strom schwimmen. Die großen Selbstverständlichkeiten werden für sie nie absolute Geltung haben. Gewiß dann auch nie deren absolute Negation, so daß sie auch auf den Beifall der jeweiligen Revolutionäre schwerlich werden rechnen dürfen. Und sie werden ihre Freiheit nicht nur in freien Gedanken im Verborgenen pflegen, sondern in freier Tat und Verhaltensweise an den Tag legen, in der sie es den Leuten nie recht machen werden.

«Die Pforten der Hölle sollen sie nicht überwältigen»
(Matthäus 16,18)

AM LÄNGEREN HEBELARM

Es gibt für die Kirche in der totalen Welt nur eine Möglichkeit: daß die Kirche einfach Kirche sei! Die Kirche – das sind die, die rund um Jesus herum sind und die er rundherum anschaut. Die Kirche (ist) der «Umkreis» Jesu, also die Schar derer, die in der totalitären Welt schlicht sich nähren vom Worte Gottes. Und, je totalitärer die Welt sich gebärdet, umso freier dürfen sie glauben und gehorsam sein, weil Jesus da ist und die Kirche um ihn herum. Wenn sie das tut, dann ist ihre Existenz möglich. Dann ist die Kirche, und wenn sie unterdrückt würde, der Hort der Freiheit. Dann ist die Kirche mächtig, vielleicht das einzig Mächtige, was es in dieser ohnmächtigen, weil von Mächten beherrschten Welt gibt. Die Kirche hat die wunderbare Möglichkeit, der totalitären Welt gegenüber ganz friedlich und fröhlich, nicht mit geballter Faust, am längeren Hebelarm zu sitzen. Die Kirche kann auch warten. Und sie weiß, daß sie nicht umsonst wartet. Die Kirche weiß, daß die sämtlichen Totalitäten der Welt, welche eigentlich falsche Gottheiten sind, Lügen sind. Vor Lügen kann man sich letztlich nicht fürchten. Lügen haben kurze Beine. Und in der Kirche kann man das wissen. Je mehr die Kirche in der Demut lebt und weiß: es ist auch viel Lüge in uns selber, umso sicherer wird sie dann auch wissen: Gott sitzt im Regimente – gegenüber der Lüge in uns und gegenüber der Lüge in der Welt. Und dann bleibt die Kirche unter allen Umständen bei ihrer Aufgabe und läßt es sich verboten sein, Angst zu haben um ihre Zukunft. Ihre Zukunft ist ihr Herr.

«Ihr seid das Licht der Welt» (Matthäus 5,14)

SENDUNG

Die Gemeinde Jesu Christi ist für die Welt da. Eben damit ist sie für Gott da. Vor allem ist ja Er für die Welt da. Und indem die Gemeinde Jesu Christi zuerst für Gott da ist, bleibt ihr gar nichts Anderes übrig, als in ihrer Weise ihrerseits für die Welt da zu sein. Sie errettet und erhält ihr eigenes Leben, indem sie es für die übrige menschliche Kreatur einsetzt und hingibt. Sicher ist die Gemeinde das Volk, das durch Gottes Wort von der Welt ausgesondert ist. Aber herausgerufen aus der Welt, wird sie erst recht in sie hinausgerufen. Vom Tisch des Herrn kommend, wird sie sich nicht weigern können, sich nach seinem Vorgang mit den übrigen, mit allen Sündern zu Tisch zu setzen. Sie müßte die Liebe Gottes fliehen, wenn sie die Welt fliehen wollte. Sie würde sich der Welt gerade damit gleichstellen, daß sie, auf die Hütung ihrer Reinheit bedacht, sich nicht mit ihr kompromittieren wollte. Das ist es ja, daß die Welt sich in der Weise erhalten zu können meint, daß Alle sich selbst Genüge tun wollen. Was sie braucht, ist nicht, durch eine weitere Variation ihrer eigenen Art noch einmal in ihr bestärkt, sondern in unzweideutiger Praxis über sie hinaus gewiesen zu werden. Sie wartet auf einen in ihrer Mitte erscheinenden Samariter. Die christliche Gemeinde ist nicht selbst der als Erretter in die Welt gekommene Samariter. Sie ist aber zur Tat in seinem Dienst in die Welt gesendet. In der Diakonie macht sie ihr Zeugnis von ihm deutlich als den in der Gemeinschaft mit ihm zu vollziehenden Samariterdienst an dem in die Hände der Räuber

Gefallenen: mit ihm, der dieses verlorenen Menschen Nächster war. In der Diakonie geht sie hin und tut desgleichen.

«Suchet der Stadt Bestes und betet für sie!» (Jeremia 29,7)

POLITISCHER GOTTESDIENST

Kirche muß Kirche bleiben. Die Christengemeinde hat eine Aufgabe, die ihr durch die Bürgergemeinde nicht abgenommen werden und der sie auch nie in den Formen nachgehen kann wie die Bürgergemeinde der ihrigen. Sie verkündigt die Herrschaft Jesu Christi und die Hoffnung auf das kommende Reich Gottes. Die Bürgergemeinde hat keine solche Botschaft auszurichten; sie ist darauf angewiesen, daß sie ihr ausgerichtet werde. Sie betet nicht; sie ist darauf angewiesen, daß für sie gebetet werde. Die Christengemeinde beteiligt sich aber gerade in Erfüllung ihrer eigenen Aufgabe auch an der Aufgabe der Bürgergemeinde. Indem sie an Jesus Christus glaubt und Jesus Christus verkündigt, glaubt und verkündigt sie ja den, der wie der Herr der Kirche so auch der Herr der Welt ist. Die Christengemeinde betet für die Bürgergemeinde. Indem sie aber für sie betet, macht sie sich Gott gegenüber für sie verantwortlich, und sie würde das nicht ernstlich tun, wenn sie nicht, eben indem sie für sie betet, auch tätig für sie arbeiten würde. Sie dient Gott und eben darum und damit den Menschen. Die Christengemeinde ist gegründet auf die Erkenntnis des Gottes, der als solcher Mensch und so des Menschen Nächster geworden ist. Das zieht unweigerlich nach sich, daß die Christengemeinde sich im politischen Raum unter allen Umständen in erster Linie des Menschen und nicht irgendeiner Sache annehmen wird. Nachdem Gott selbst Mensch geworden ist, ist der Mensch das Maß aller Dinge.

«Rufe getrost, schone nicht, erhebe deine Stimme» (Jesaja 58,1)

PARTEI SEIN

In seinem Vollzug greift das Bekenntnis notwendig hinein in die die Kirche und die Welt bewegenden Fragen der jeweiligen Gegenwart. Es tut es nicht um dieser Fragen und um ihrer Beantwortung, sondern es tut es um der notwendigen Bezeugung Jesu Christi in der Gegenwart willen. Es tut es also gewiß zu jeder Zeit, «als wäre nichts geschehen» – so gewiß es heute wie gestern, hier wie dort nur Jesus Christus zu bezeugen hat. Es tut es aber immer angesichts dessen, was geschehen ist. Es redet nicht zur Lage, sondern in der Lage – in der besonderen, von ihm selbst gewählten und charakterisierten Lage! – zur Sache. Es redet nicht aus dem Zeitgeist, wohl aber zu ihm und mit ihm. Partei ergreifen – nämlich die eigene Sache irgend einer anderen Sache dienstbar machen, ist Eines. Partei sein – will sagen: in eigener Sache, aus eigener Initiative, weil die Bezeugung Jesu Christi es fordert, daß Ja oder Nein gesagt werde, ist ein Anderes. Eine Kirche, die aus lauter Angst, nur ja von keinem «Kotflügel» gestreift zu werden, nur ja nicht in den Schein zu kommen, Partei zu ergreifen, nie und nimmer Partei zu sein sich getraut, sehe wohl zu, ob sie sich nicht notwendig kompromittiere: mit dem Teufel nämlich, der keinen lieberen Bundesgenossen kennt als eine in der Sorge um ihren guten Ruf und sauberen Mantel ewig schweigende, ewig meditierende und diskutierende, ewig neutrale Kirche: eine Kirche, die, allzu bekümmert um die doch wirklich nicht so leicht zu bedrohende Transzendenz des Reiches Gottes, – zum stummen Hunde geworden ist. Das ist es, was nicht geschehen darf.

«Predige das Wort, tritt dafür ein» (2. Timotheus 4,2)

EIN OFFENES WORT

Die christliche Gemeinde weiß, wem alle Gewalt gegeben ist im Himmel und auf Erden. Eben darum weiß sie zwischen echter und lügnerischer irdischer Gewalt, zwischen der von Gott eingesetzten und der von Menschen willkürlich erfunden und auf den Thron erhobenen Obrigkeit zu unterscheiden. Darum ist sie dankbar für alle echte, rechte, von Gott eingesetzte Gewalt und Obrigkeit, die der Unmenschlichkeit eine Grenze setzt und für die Menschlichkeit Raum schafft. Die christliche Gemeinde darf nicht gleichgültig sein in dieser Sache. Sie hat sich auf diesem Gebiet viel zu oft einschüchtern lassen und geschwiegen, wo sie hätte reden sollen. Die christliche Gemeinde kann und soll gewiß nicht selber Politik machen wollen. Sie kann und muß aber den Völkern und Regierungen bezeugen, daß Politik Gottesdienst, Recht und Freiheit Gottesgaben sind. Sie kann und muß in aller Offenheit und Liebe fragen, rufen, bitten, mahnen, wo der Staat sich aufzulösen oder wohl umgekehrt zu erstarren, wo er dem Unrecht statt dem Recht, der Unfreiheit statt der Freiheit dienen zu wollen, wo er den Menschen oder Gott oder beiden zu nahe zu treten droht. Die christliche Gemeinde ist verantwortlich für das, was im Staat geschieht und nicht geschieht. Sie ist ihm ihr offenes Wort schuldig. Lieber soll sie dreimal zu viel für die Schwachen eintreten, als einmal zu wenig, lieber unangenehm laut ihre Stimme erheben, wo Recht und Freiheit gefährdet sind, als etwa angenehm leise!

«Sie sagen: Friede! und ist doch nicht Friede» (Jeremia 6,14)

KRIEG UND FRIEDEN

Zur normalen Aufgabe des Staates gehört es gerade nicht, Krieg zu führen, sondern seine normale Aufgabe besteht darin, den Frieden so zu gestalten, daß er dem Leben dient, den Krieg aber gerade fernhält. Wo ein Staat seiner normalen Aufgabe nicht recht nachgeht, da wird er sich früher oder später getrieben sehen, sich die abnormale Aufgabe des Krieges zu stellen und dann auch andere Staaten mit dieser abnormalen Aufgabe zu belasten. Wo nicht der Mensch, sondern das zinstragende Kapital der Gegenstand ist, dessen Erhaltung und Mehrung der Sinn und das Ziel der politischen Ordnung ist, da ist der Automatismus schon im Gang, der eines Tages die Menschen zum Töten und Getötetwerden auf die Jagd schicken wird. Gegen diese Verderbnis des Friedens hilft dann weder die angebliche Liebe der Massen zu diesem Frieden, noch alle noch so wohlgemeinte Deklamation der Idealisten gegen den Krieg. Von einem Frieden her, der kein rechter Friede war, kann der Krieg allerdings unvermeidlich werden. Es braucht wenig Glauben, Verstand und Mut dazu, den Krieg prinzipiell zu verdammen. Und es braucht keinen Glauben, Verstand und Mut dazu, mit den Wölfen zu heulen: daß der Krieg leider eben zur Ordnung der Welt gehöre wie der Friede. Es braucht aber christlichen Glauben, Verstand und Mut dazu, den Völkern und Regierungen zuzurufen, daß der Friede der Ernstfall ist: der Fall nämlich, in welchem alle Zeit, alle Kraft, alles Vermögen dazu einzusetzen sind, daß die Menschen leben, und zwar recht leben können, um dann zur Flucht in den Krieg keinen Anlaß zu haben.

«Reiche hat er leer weggeschickt» (Lukas 1,53)

REICH UND ARM

«Reiche»: wenn wir dieses Wort hören, dann denken wir wohl an Leute, die einen Haufen Aktien haben und was andere lustige Dinge dieser Art sein mögen. Halten sie das für den Sinn des Lebens, solches zu haben und zu genießen, dann gehören sie auch zu den Reichen. Reiche sind aber alle, die mit dem Anspruch herumlaufen, daß Gott und die Menschen eigentlich so richtig mit ihnen zufrieden sein müßten. Er hat sie leer hinweggeschickt. Er hat ihnen nichts Böses getan. Er ließ sie nur eben mit Sack und Pack stehen. Er hatte ihnen nur eben nichts zu sagen und zu geben. Die armen Reichen!

Es ist nun doch so, daß die armen Reichen nur so tun können, als ob sie Reiche wären. Sie lügen mit ihrem Reichtum sich selbst, Gott und den anderen Leuten etwas vor. In Wahrheit wird kein Mensch satt durch das, was er selbst ist und hat. Es gibt also schon eine Hoffnung für die Reichen. Der arme Reiche sollte nur noch das wahrhaben wollen: Gott, sei mir Sünder gnädig! Mit einem Schlage würde dann Alles anders. Kein armer Reicher wäre er da mehr, sondern ein reicher Armer. Vernehmen würde er dann, was der Engel den Hirten sagte: «Ich verkündige euch große Freude. Euch ist heute der Heiland geboren.» Er hat aus den Allerärmsten Allerreichste gemacht. Er hat das damit getan, daß er ihr Bruder wurde. Wißt ihr, welches das sichere Kennzeichen dafür ist, daß einer ein reicher Armer ist? Ihn wird es unmittelbar angehen, daß es Millionen gibt, denen es an Brot fehlt. Er wird dann in diesen Menschen seine Brüder und Schwestern erkennen und dementsprechend handeln.

«Werdet nicht der Menschen Knechte!» (1. Korinther 7,23)

VON FALL ZU FALL

Bekenntnismäßige, geistlich und theologisch verbindliche Stellungnahmen der Kirche im politischen Bereich (sind) dann und da von ihr gefordert, wo sie in der konkreten Auseinandersetzung mit einer bestimmten Erscheinung durch Gottes Wort in Ausübung ihres Dienstes zur Verantwortung ihres Glaubens aufgerufen wird. Sie hat es nicht zeitlos mit diesen oder jenen –ismen und Systemen, sondern mit den jeweils in das Licht des Wortes Gottes und des Glaubens tretenden geschichtlichen Wirklichkeiten zu tun. Sie ist nicht irgend einem Naturrecht, sondern ihrem lebendigen Herrn verpflichtet. Sie denkt, redet und handelt darum nie «prinzipiell». Sie urteilt vielmehr geistlich und darum von Fall zu Fall. Sie verweigert sich darum jeder Systematisierung der politischen Geschichte und ihrer eigenen Teilnahme daran. Sie wahrt sich darum die Freiheit, neue Erscheinungen auch neu zu würdigen. Rollte sie gestern nicht auf einer Schiene, so ist sie auch heute nicht dazu verbunden, auf dieser Schiene weiter zu rollen. Hat sie gestern von ihrem Ort her und in ihrer Verantwortung geredet, so darf und muß sie heute auch schweigen, wenn von ihrem Ort her und in ihrer Verantwortung Schweigen das bessere Teil sein sollte. Für die Einheit und Kontinuität der theologischen Existenz ist gerade dann aufs beste gesorgt, wenn sie es sich nicht verdrießen läßt, immer wieder theologische Existenz «heute» zu sein.

«Tut Bitte für alle Obrigkeit» (1. Timotheus 2,1f.)

GEMEINWOHL

Wo ich wirklich bete, da kann ich auch nicht untätig sein. Da kann ich dann nicht nur sagen: «Ach lieber Gott, sorg du dafür...» Sondern wo ich bete – also jetzt auch für diese obrigkeitlichen Personen, da mache ich mich verantwortlich für sie. Jetzt ist nur noch ein kleiner Schritt, daß ich anerkennen muß: ich bin selber auch eine obrigkeitliche Person. Die Menschen, in deren Hände die Existenz des Staates gegeben ist, sind nicht nur irgendwelche Behörden da droben, sondern auch die, welche von diesen Behörden geleitet oder administriert werden. Unter politischer Verantwortlichkeit wäre zu verstehen, daß sie für die Existenz des Staates – sie selber sind der Staat – und für das, was im Namen des Staates geschieht, zu beten, daß sie aber auch dafür zu arbeiten haben. Alle haben die Existenz des Staates, seine Wirklichkeit und, was er im Guten und Bösen ist, mitzuverantworten. Es geht um die Aufrichtung von Recht und Frieden. Das ist die Rechtfertigung des Staates, daß es eine göttliche Anordnung zu diesem Zweck gibt. Der Staat hat zu dienen – dem Gemeinwohl und also dem Recht, dem Frieden und der Freiheit. Freiheit – nicht, daß jeder machen kann, was er will, sondern Freiheit verstanden eben als persönliche Verantwortlichkeit aller. Der Staat hat das Gemeinwohl zu fördern und zu pflegen auf der Basis der Freiheit. Keine Zwangswohlfahrt, sondern eine Wohlfahrt, die von allen gesucht und gewollt und ins Werk gesetzt wird!

«Der Herr hat Geduld mit uns» (2. Petrus 3,9)

GOTTES GEDULD

Gott ist geduldig. Geduld ist da, wo Einer einen Anderen, auf ihn wartend, gewähren läßt. Die Geduld Gottes ist sein Willen, einem Anderen – um seiner Barmherzigkeit willen und in Behauptung seiner Heiligkeit – Raum und Zeit für seine eigene Existenz zu lassen. Gottes Barmherzigkeit waltet nicht in der Weise, daß sie ihren Gegenstand überrennt. Hängt nicht die Barmherzigkeit Gottes daran, daß es eine Geduld Gottes gibt: dieses Raumlassen für die sündige Kreatur, mit der er sich selber Raum schafft, weiter mit ihr zu reden und zu handeln? Er hat Zeit. Und daß er Zeit für uns hat, das ist es, was sein ganzes Tun uns gegenüber als Geduldsübung charakterisiert. Es ist nicht an dem, daß Gottes Geduld den Menschen sich selbst überlassen würde. Gott ist nicht kurzsichtig. Er weiß sehr wohl, was für ein Gemächte wir sind. Er hat aber, indem er das weiß, realen Grund dazu, mit uns Geduld zu haben: den Grund, den er selbst gelegt hat. Läßt er die Vielen ihre eigenen Wege gehen, gibt er ihnen immer wieder Zeit (und Speise zu ihrer Zeit) und wartet er in dem Allem immer wieder auf sie, so tut er dies daraufhin, daß er sie in dem Einen schon ereilt hat. Er tut es daraufhin, daß sie in dem Einen, in welchem er sich Allen zu eigen gegeben hat, schon in seine Hand gefallen sind. Um dieses Einen willen hat Gott Geduld mit den Vielen. Nicht als wäre ihnen Raum und Zeit gelassen, in ihrer Unbußfertigkeit zu verharren. Den Weg des Glaubens zu gehen, das ist es, was Gottes Geduld ihnen gewährt.

«Gedenke des Sabbattages!» (Exodus 20,8)

SABBAT

Das Gebot des Feiertages erklärt alle anderen Gebote. Es erklärt nämlich, indem es ein Abstehen des Menschen von seinen eigenen Werken fordert, daß der gebietende Gott, der den Menschen zu eigenem Wirken befähigt und beauftragt hat, der ist, der dem Menschen in Jesus Christus gnädig ist. Es verweist ihn von Allem, was er selbst vollbringen kann, zurück auf das, was Gott für ihn tun will. Der Feiertag ist in seiner Besonderheit ein Zeichen dessen, was der Sinn aller Tage ist. Die Freiheit, die Sorglosigkeit und Programmlosigkeit, die seinen besonderen Charakter ausmachen, müssten von ihm ausstrahlen auch auf den Werktag, an dem sie so nicht zur Geltung kommen können – und so auch seine Freude und so auch die Aufgeschlossenheit für Mitmenschen, ohne die er eigentlich nicht denkbar ist. Wo der Werktag nur Werktag ist, nur Gefängnistag, Sorgentag, Programmtag, nur Tag des bitteren Ernstes, nur Tag der Selbsthilfe und Selbstrechtfertigung, was ist da für ein Sonntag vorangegangen und wie kann da auch der Werktag ein ordentlicher Werktag sein? Wer am Sonntag glaubt, der darf es auch am Werktag tun. Er wird in der Woche arbeiten, sachlich und fleißig, aber weder als Herr noch als Sklave seiner Arbeit. Er wird in der Woche ein Ziel nach dem anderen ins Auge fassen und doch keinem Mammon verfallen. Er wird, auch indem er alltäglich streitet, Frieden haben und halten und beten, auch indem er alltäglich arbeitet. Er wird sich zugleich ganz in der Hand haben und ganz aus der Hand geben. Er wird auch am Werktag nie Angst haben. Warum nicht? «Wir sind nicht unser, sondern des Herrn». Aber das will am Feiertag geübt sein.

«Sei getrost, alles Volk, und arbeitet!» (Haggai 2,4)

ARBEIT

Allgemein geht es auf allen Feldern menschlicher Arbeit darum, daß die Menschen ihr Leben «fristen» möchten. Das Entscheidende, was der Mensch zum Dasein nötig hat, kann nur Gott ihm geben. Es bleibt ihm aber, jedenfalls in gesunden Tagen ein Raum, in welchem er für die Garantie seines Daseins selber sorgen darf. Hier ist der Mensch bemüht, seinen Lebensunterhalt zu gewinnen. Hier geht es ja um seine eigene tätige Bejahung seines Daseins. Hier nimmt er sich selbst in die Hand. Wo der Mensch sich selbst in die Hand nimmt, steht er immer in Gefahr, sich selbst gefangen zu nehmen und gefangen nehmen zu lassen. Gerade seine Arbeit muss also davor geschützt sein, ihm zu dieser Bedrohung zu werden. Sie bedarf, soll sie recht getan werden, der Entkrampfung. Arbeit im Krampf ist kranke, böse, Gott widerstrebende und den Menschen zerstörende Arbeit. Da pflegt ja auch die Mitmenschlichkeit der rechten Arbeit verloren zu gehen. Da verwirrt sich der Blick auf die berechtigten Lebensansprüche, da verfällt der Mensch den leeren Begierden. Da pflegt er auch zu vergessen, nach dem Unterschied zwischen sinnvollen und sinnlosen Arbeitszwecken zu fragen. Da wird er auch nicht mehr sachlich zu arbeiten in der Lage sein. Der Krampf macht die Arbeit zur Plage. Wir dürfen uns von dem Zwang dazu freisprechen lassen. Der Mensch darf und soll arbeiten. Er kann und soll sein Dasein tätig bejahen, aber doch nur im Blick darauf, daß es von seinem Schöpfer schon bejaht ist, und in der Entlastung, die aus dieser Erkenntnis kommt.

«Die auf den Herrn harren, kriegen neue Kraft,
daß sie wandeln und nicht müde werden» (Jesaja 40,31)

AUFBRUCH

Aufbrechen findet da statt, wo ein Bisheriges veraltet ist und zurückbleiben muß, indem es vergangene Nacht geworden ist, und wo an seiner Stelle ein Neues sich ankündigt, ein neuer Tag im Kommen ist. Das nicht genug zu beleuchtende und zu bedenkende Modell: der Auszug Israels aus Ägypten in das ihm verheißene Land. Entschlossener Abschied wird da genommen von einem Bekannten, jetzt noch sehr Nahen, das vielleicht (etwa in Gestalt der berühmten Fleischtöpfe Ägyptens) auch seine Vorteile hatte. Und entschlossene Zuwendung findet da statt zu einem noch Fernen, in Hoffnung Bejahten, das immerhin den Nachteil hat, in seiner herrlichen Gestalt noch reichlich unbekannt zu sein. Indem die Kirche aufbricht, hat sie gewählt. Sie hat sich das Heimweh nach dem, was sie hinter sich läßt, im Voraus verboten. Sie begrüßt und liebt schon, was vor ihr liegt. Sie ist noch hier und doch nicht mehr hier, noch nicht dort und doch schon dort. Sie hat eine weite Wanderschaft vor sich – auch Kämpfe, auch Leiden, auch Hunger und Durst. Nicht zu verkennen: sie seufzt. Aber noch weniger zu verkennen: sie freut sich. Dementsprechend denkt, redet, handelt sie. In dieser Krisis besteht das Aufbrechen der Kirche: das noch gefangene, schon befreite Volk Gottes.

«Freuet euch, daß ihr mit Christus leidet» (1. Petrus 4,13)

UNSER KREUZ

Das in der Nachfolge Jesu zu tragende Kreuz kommt: ohne des Christen Wünschen und Zutun. Daß es für ihn nicht komme, hat Niemand zu besorgen. Zu besorgen ist dann nur, daß man sich nicht trotzig oder schlau weigere, es aufzunehmen, daß man es nicht, kaum hat man es halbwegs aufgenommen, hastig wieder von sich werfe. Zu besorgen ist nur, daß man dann zwar bestimmt trotzdem so oder so wird leiden müssen, aber dann wie ein Gottloser, dann ohne den Trost und die Verheißung des Leidens mit Jesus. Daß das nicht geschehe, daß der Heilige Geist den Christen frei mache, sich das ihm bestimmte Kreuz gefallen zu lassen, darum wird er zu beten haben. Die Anweisung dazu ist kein letztes, sondern ein vorletztes Wort. Es gehört zum Wesen des von Christen zu tragenden Kreuzes, daß es ein Ziel und also auch ein Ende hat. Es bedeutet Grenzsetzung und darum tut es weh. Aber diese Grenzsetzung selbst ist nicht unbegrenzt. In der Teilnahme am Leiden Jesu ertragen, wird sie genau dort aufgehoben, wo das Leiden Jesu in der Kraft seiner Auferstehung und wo mit dem seinigen auch unser Leiden hinweist. Nicht unser Kreuz, sondern das durch den Kreuzestod Jesu eröffnete Leben ist ewig. «Wenn der Winter ausgeschneiet, tritt der schöne Sommer ein; also wird auch nach der Pein, wer's erwarten kann, erfreuet.» Und an der Vorfreude wird es ja auch in der Zwischenzeit dieses Erwartens nicht fehlen können.

«Ich bin wie ein einsamer Vogel auf dem Dache» (Psalm 102,8)

ANFECHTUNG

Religion mag Privatsache sein – das Werk und Wort Gottes aber ist die in Jesus Christus geschehene Versöhnung der Welt mit Gott. Er hat aber sein letztes Wort in dieser Sache noch nicht gesprochen. Er hat nämlich noch nicht universal von der in ihm geschehenen Gottestat gesprochen: noch nicht so, daß Aller Ohren, Aller Vernunft, Aller Herzen ihn vernehmen mußten. Das bedeutet, daß der Christ den meisten anderen in relativer Einsamkeit gegenübersteht. Er wird sich selbst nur als Angehörigen einer, wenn es ernst wird, fast verschwindenden Minderheit sehen können. Diese Isolierung will ausgehalten sein. Was sollen und wollen denn die paar christlichen Leutlein? Was erwarten diese Menschen damit auf dem großen Jahrmarkt, dem großen Schlachtfeld, in dem großen Gefängnis und Irrenhaus, als das sich das Menschheitsleben immer wieder darstellt? Was ist schon die von Paulus gerühmte Gotteskraft des Evangeliums verglichen mit den Kräften des Staates, der Weltwirtschaft, der Naturwissenschaft und der Technik? Es hieße den Kopf in den Sand stecken, wenn der Christ sich durch das Alles nicht angefochten finden würde – und noch tiefer in den Sand, wenn er sich, um dieser Frage zu entgehen, auf sein eigenes Glauben und Lieben zurückziehen wollte. Es ist aber sinnvoll und geboten, angesichts dieser Grenze unverzagt zu hoffen, das heißt: unbedingt damit zu rechnen, daß der Tag des Kommens Jesu Christi zur vollendenden Offenbarung ganz bestimmt der Tag sein wird, da sie, die Toten und die Lebendigen, seine Stimme hören werden.

«Die Welt vergeht mit ihrer Lust» (1. Johannes 2,17)

VERGEHEN

Weil er kommt und in Ihm das Geheimnis der Herrlichkeit, darum muss es so sein. Gerade vor Ihm kann die Welt mit ihrer Lust nicht bestehen. Indem Er kommt, kommt sie ins Gericht: nicht nur die böse, sondern auch die gute Welt. Weil er kommt, darum kann es nicht anders sein: Nun gibt es Späne, nun gibt es Trümmer, nun wird uns von Ihm Eins ums Andere aus der Hand genommen. Da meinst du, dies und das muss ich behalten, weil es mich vorwärts bringt. Und da sagt Er, der da kommt, ganz ruhig: Nein, das bringt dich nicht vorwärts, das hält dich auf, gib's her, weg damit! – Du meinst, das und das ist mir gesund und tut mir wohl, und Er, der da kommt, sagt: Nein, das ist nicht wahr, das macht dich krank. Gib's her, weg damit! – Du meinst, das und das ist wahr und klar, und Er, der da kommt, sagt: nein, das ist Verwirrung und Irrtum, gib's her, weg damit! – Es kann nicht anders sein: wenn Er kommt, müssen wir weichen. Wenn Er groß wird, müssen wir klein werden. Wo Er lebt, da müssen wir sterben. Warum muss es sein? Einfach darum, weil das Geheimnis unseres Lebens, das uns in Ihm entgegenkommt, in dem besteht, was Gott aus der Welt und aus uns werden lassen und machen will. Gott liebt die Welt. Er liebt sie gerade auch, indem er sie vergehen lässt vor dem Kommen Seines Reiches. Gottes Liebe heißt: Ich mache Alles neu! Und darum kann es nicht anders sein, als daß zunächst alles Alte sterben muss.

«Es ist dem Menschen gesetzt, einmal zu sterben» (Hebräer 9,27)

STERBEN

«Ende» an sich und als solches heißt auch für den Christen: Bis hierher und nicht weiter! Du hast deine Zeit gehabt und hast nun weiter keine mehr vor dir. Dir waren deine Chancen, Möglichkeiten, Kräfte gegeben. Mit ihnen ist es nun vorbei und andere hast du nicht zu erwarten. Jetzt ist nichts, gar nichts mehr anders, besser oder wieder gut zu machen. «Fort musst du, deine Uhr ist abgelaufen!» War nicht Alles bloß ein Anlauf – und was für ein innerlich und äußerlich mühsamer und kümmerlicher Anlauf! – aus der Nähe gesehen vielleicht ein einziger Fehlstart? Soll das wirklich Alles gewesen, soll es für alles Weitere, jedenfalls was ihn betrifft, endgültig zu spät sein? Nun ist aber, was der Christ, indem er hoffen darf, erwartet, gerade nicht ein «Ende an sich». Nicht irgendein Knochenmann wird da triumphierend die abgelaufene Sanduhr hochhalten und unwiderruflich Schluss mit ihm machen. Sondern der, an den zu glauben und den zu lieben er in dieser seiner Zeit bezeugen durfte – eben Dieser wird ihm, wenn es nach seinem gnädigen Planen und Verfügen so weit sein wird, sein unbedingt gutes, rechtes und heilsames Halt! zurufen, wird ihm sagen, daß es nun genug ist, daß Weiteres nicht mehr von ihm erwartet ist. Wie könnte der von Ihm zu erwartende Abschluss der christlichen Existenz zu früh kommen? Indem er von ihm kommt, kann er nur ein eindeutig willkommen zu heißendes, weil gnädiges Geschehen sein.

«Ihm leben sie Alle» (Lukas 20,38)

VORFAHREN

In der einen «Gemeinschaft der Heiligen» haben nicht nur die jeweils Lebenden recht, sondern auch die Toten, reden und wirken auch nicht nur die jeweils Lebenden, sondern mit ihnen die Vorangegangenen, ihre Worte und Werke, ihre Geschichte, die ja mit ihrem Hingang keineswegs abgeschlossen ist, vielmehr oft genug erst lange nach ihrem Hingang inmitten ihrer Nachfahren in ihr entscheidendes Stadium tritt, die mit der Geschichte der jeweiligen Gegenwart in einem gar nicht aufzulösenden Zusammenhang steht. Hier gilt gegenseitiges Tragen und Getragenwerden, Fragen und Gefragtsein und sich Verantwortenmüssen zwischen den daselbst in Christus versammelten Sündern. In der Kirche gibt es keine Vergangenheit. «Ihm leben sie alle.» Ein wirklich Vergangener, der gar nicht mehr mitzureden hätte, könnte nur der Erzketzer, der auch für die unsichtbare Kirche Gottes gänzlich Verlorene sein. Es gibt nur relative Ketzer, und darum dürfen und sollen auch die je und je als solche Beurteilten in ihrer anerkannten Torheit mitreden. Gott ist der Herr der Kirche. Wir können nicht vorwegnehmen, welche Mitarbeiter der Vorzeit uns bei unserer eigenen Arbeit willkommen sind, welche nicht. Es kann immer so sein, daß wir ganz unvermutete und unter diesen zunächst ganz unwillkommene Stimmen ganz besonders nötig haben. Die Geschichte will für die Wahrheit Gottes zeugen, nicht für unsere Errungenschaften, und darum haben wir uns von allem vermeintlichen Schonwissen ihr gegenüber immer wieder in die Bereitschaft, Neues zu vernehmen, zurückzuziehen.

«Tod, wo ist dein Stachel?» (1. Korinther 15,55)

DES TODES TOD

Was ist schon der Tod neben Gott? Ist er unser letzter Feind, so ist es doch nicht in seine Hand gegeben, uns anzutun, was er uns antun will und kann. Gott hat ihn eingesetzt, Gott kann ihn aber auch absetzen. Gott hat ihn bewaffnet, Gott kann ihn aber auch entwaffnen. So werden wir im Tode nicht mit dem Tode allein und nicht im Reich eines zweiten Gottes sein, sondern mit dem Tod wird auch der Herr des Todes auf dem Plane sein. Wir werden in seine und nicht in andere Hände fallen. Wir haben nicht den Tod, sondern Gott zu fürchten. Wir können aber eben Gott nicht fürchten, ohne uns, untröstlich wie wir sonst sind, gerade seiner zu trösten. Was heißt das dann aber Anderes, als daß Gott mitten im Tod unser Helfer und Erretter ist? Das unentrinnbare, das bittere, das schreckliche Werk des Todes wird an uns geschehen. Gott aber wird uns die Fülle alles Guten sein, auch indem uns das geschehen wird. So kann uns im Tode das jedenfalls nicht geschehen, daß wir aufhörten, unter seiner Herrschaft, sein Eigentum, Gegenstand seiner Liebe zu sein. Dahin reicht auch die Gewalt des Todes nicht, daß er daran etwas ändern könnte. Unser Tod ist unsere Grenze, unser Gott aber ist die Grenze auch unseres Todes. Er kann uns Alles nehmen. Er bringt aber das nicht fertig, daß Gott nicht Gott, unser Helfer und Retter und als solcher unsere Hoffnung ist. Das kann er nicht. Und da er das nicht kann, ist ernstlich zu fragen: Was kann er dann überhaupt?

«Dein Reich komme» (Matthäus 6,9)

DISZIPLINIERTE HOFFNUNG

Wo Kirche ist, da hat sie ein Ziel: das Reich Gottes. Wie könnte es anders sein, als daß dieses Ziel eine dauernde Beunruhigung bildet für die Menschen in der Kirche, deren Tun in keinem Verhältnis steht zur Größe dieses Ziels? Es darf nicht geschehen, daß man sich dadurch die christliche Existenz verleiden läßt. Es kann wohl geschehen, daß man die Hand, die an den Pflug gelegt ist, sinken lassen möchte, wenn man die Kirche mit ihrem Ziel vergleicht. Wer diese Beklemmung nicht kennt, der hat die eigentliche Dynamik dieser Sache noch nicht gesehen. Man kann in der Kirche nur wie ein Vogel im Käfig sein, der immer wieder gegen die Gitter stößt. Es geht um etwas Größeres als um unser bißchen Predigt und Liturgie! Aber: wo die apostolische Kirche lebt, da weiß man zwar um diese Sehnsucht, aber da brennt man nicht durch. Wenn wir wirklich auf das Reich Gottes hoffen, dann werden wir uns nicht schämen, in dieser konkreten Gemeinde die eine heilige allgemeine Kirche zu finden. Die christliche Hoffnung, die das Revolutionärste ist, was man sich denken kann und neben der alle anderen Revolutionen nur Platz-Patrönchen sind, ist eine disziplinierte Hoffnung. Sie weist den Menschen in seine Schranken. Wo er ganz unruhig und auch wieder ganz ruhig zugleich sein darf, wo er mit den anderen so in der Gemeinde sein darf, in der sich die Glieder wiedererkennen in der Sehnsucht und in der Demut im Lichte des göttlichen Humors, wird er tun, was er zu tun hat. So geht die Kirche wartend und eilend der Zukunft des Herrn entgegen.

«Wir werden ihn sehen, wie er ist» (1. Johannes 3,2)

UNRUHIGER ALS DIE UNRUHIGSTEN

«Wir warten dein, o Gottessohn.» Es geht nämlich um die endgültige und universale Offenbarung Jesu Christi als der, der er ist: der, in welchem Gott die Welt geliebt und mit sich selbst versöhnt, sein Recht auf alle Menschen schon aufgerichtet, alle ihre Sünden schon hinweggetragen, alles Leid schon beseitigt, alle Tränen schon getrocknet, alles Geschrei schon gestillt, einen neuen Himmel und eine neue Erde schon geschaffen, den neuen Menschen schon auf den Plan geführt hat. Als Diesen glauben und lieben ihn die Christen jetzt schon. Aber als Dieser ist er wie der Welt, so auch ihnen noch verborgen, erkennen auch sie ihn noch nicht «von Angesicht zu Angesicht». Seiner Offenbarung gehen sie erst entgegen. So auch der Offenbarung ihres eigenen Seins als seine Brüder und Schwestern und als die geretteten und befreiten Kinder Gottes. Das ewige Leben in dieser Offenbarung haben sie wohl, aber doch erst in Gestalt der ihnen von ihm gegebenen Verheißung, nicht in Gestalt von deren Erfüllung. Das, worauf in der Kirche jeder Einzelne von Jesu Auferstehung her sich freut, ist die Erfüllung des Willens Gottes, daß alle Menschen gerettet werden und zur Erkenntnis der Wahrheit kommen sollen. Unruhiger als die Unruhigsten, dringlicher als die eifrigsten Stürmer in seine Umgebung fragt er: «Wo bleibst du, Trost der ganzen Welt?» – darum unruhiger und eifriger, weil er dieses künftigen Trostes gewiß ist, weil er der durch ihn gefüllten Zukunft bewußt entgegensieht und entgegengeht.

«Freuet euch!» (Philipper 4,4)

VORFREUDE

Ein Mensch, der sich gegen die Freude absperren wollte, wäre bestimmt kein gehorsamer Mensch. Er soll nämlich auch lustig sein wollen. Freude hat der Mensch, wenn es in seinem Leben zu einer großen oder kleinen Erfüllung seines Wünschens kommt. Sein Leben hat ihn an einen Punkt geführt, auf dem es ihm fürs Erste keine Mühe mehr macht, auf dem es sich selbst als Geschenk darbietet. Das Leben lacht ihn an, und zwar so, daß fürs Erste auch er einmal lachen darf. Wirkliche Freude kommt wie der Heilige Geist – und es ist wohl wirklich jedesmal der Heilige Geist, der kommt, wo es zu wirklicher Freude kommt: sie kommt und man weiß nicht, von wannen sie kommt. Wenn Einer sich freut, dann steht für ihn die Zeit einen Augenblick still. Solange einer sich freut, möchte er eigentlich nur die Dauer des freudigen Augenblicks. Das gibt es freilich nur in einem einzigen Fall von Freude, in dem, was in der heiligen Schrift die ewige Freude und Wonne in der vollendeten Gemeinschaft mit Gott heißt. Aber dieser eine Fall ist exemplarisch für Alles, was Freude heißt. «Ich freue mich» heißt in der Regel: «ich freue mich auf». Freude ist in der Regel Vorfreude. Sie pflegt sich sogar im Erlebnis der Erfüllung selbst alsbald in Vorfreude, in die Freude auf weitere Erfüllungen zu verwandeln. Alles, was wir als Freude jetzt und hier erkennen und erleben, ist vorläufige Erfüllung. Wille zur Freude muß in allen vorläufigen Gestalten der Wille zu jener ewigen Freude sein: die abschließende Offenbarung der von Gott für uns vollbrachten und uns zugewendeten Lebenserfüllung.

«Lobet ihn in seiner großen Herrlichkeit!» (Psalm 150,2)

ABGLANZ

Wir können nicht verkennen, daß Gott in der Weise herrlich ist, daß er Freude ausstrahlt und daß er also Alles, was er ist, in Schönheit ist. Wo man es anders sagt, da wird die Verkündigung seiner Herrlichkeit immer etwas gefährlich Freudloses, Glanzloses, Humorloses, um nicht zu sagen: Langweiliges an sich haben. Gott gewährt sich der Kreatur. Das ist seine in Jesus Christus offenbarte Herrlichkeit. Und die Kreatur, der sich Gott gewährt, darf ihn loben. Wo Licht ist, da findet ja ein Belichten statt. Wo Glanz ist, da kommt es zu einem Abglanz. Daraufhin sind alle Geschöpfe anzusehen, daß sie darin ihre Bestimmung haben, dem Jauchzen, von dem die Gottheit von Ewigkeit zu Ewigkeit erfüllt ist, in der Zeitlichkeit unangemessene, aber treuliche Antwort zu geben. Die Engel tun es, aber auch die geringste Kreatur tut dasselbe – zu unserer Beschämung und Belehrung. Und wenn der Mensch in Jesus Christus seine Bestimmung wiederempfängt in der Verheißung seiner Teilnahme an Gottes Herrlichkeit, dann tritt er doch nur wie ein beschämter Spätling ein in den Chor der himmlischen und irdischen Schöpfung, dessen Jubel nie unterbrochen war, der immer nur darunter gelitten und geseufzt hat, daß gerade der Mensch in unbegreiflicher Torheit und Undankbarkeit die Mitwirkung seiner eigenen Stimme dem ihn umgebenden Jubel versagt hat.

«Wir werden alle offenbar werden vor dem Richtstuhl Christi»
(2. Korinther 5, 10)

NICHTS WIRD VERLOREN SEIN

Mich interessiert die Bestrafung dieser «Draußenstehenden» viel weniger als meine Bestrafung, die auf mich wartet. Und die besteht doch sicher darin, daß dann der Kontrast herauskommen wird: auf der einen Seite die Wirklichkeit des Heils und des Lebens; und auf der anderen Seite: wie wenig haben wir davon Gebrauch gemacht, wie beschämend gering ist unsere Dankbarkeit gewesen. Es ist immer am gesündesten, man denkt da in erster Linie an sich selber und ermißt von da aus, was es bedeuten möchte, wenn dieser ganzen undankbaren Menschheit und Christenheit Gottes Erbarmen zugewendet ist: das große Trotzdem Gottes! Denn das wird das Gericht sein: das Trotzdem des gnädigen Gottes. Da sind wir mit unserem Ozean von Undankbarkeit, und Gott wird sagen: Dich habe ich geliebt! Und dann haben wir uns alle zu schämen. Das wird dann wirklich eine ewige Strafe sein, daß wir uns so schämen müssen, aber schämen angesichts des Überreichtums der Gnade Gottes. Das bedeutet, daß uns dann erst, uns und den Atheisten und allen, die Augen aufgehen werden, wieviel Anlaß wir haben, dankbar zu sein. Das Erbarmen Gottes anschauen von Ewigkeit zu Ewigkeit, damit werden wir gar nicht fertig werden. Ich habe noch nicht hinter den Vorhang geschaut, aber ich kann es mir nicht anders denken, als daß dann alles und jedes, was war – eingeschlossen sogar die Theologiegeschichte, die vielleicht eine der finstersten Ecken sein wird, die zu erleuchten sein wird, eingeschlossen die ganze Naturgeschichte mit diesen versunkenen Wäldern und all diesen Tierlein, die einmal gelebt haben – , daß das alles da sein wird. Nichts wird verloren sein, gar nichts.

«Ja, komm, Herr Jesus» (Offenbarung 22,20)

SEHNSUCHT

Erweise dich überall als der Herr der Frommen und der Gottlosen, der Klugen und Törichten, der Gesunden und der Kranken – als der Herr auch unserer armen Kirche und aller anderen – als der Herr der guten und schlechten Regierungen, der ernährten und der unterernährten Völker – als der Herr auch der Leute, die so viel Gutes und weniger Gutes meinen reden und schreiben zu müssen – als unser aller Schutzherr, dem wir uns anbefehlen dürfen, aber auch als unser Aller Gerichtsherr, dem wir am Jüngsten Tage und heute schon verantwortlich sind.

Großer, heiliger und barmherziger Gott, wir sehnen uns nach deiner letzten Offenbarung, in der es vor aller Augen klar werden wird, daß die ganze geschaffene Welt und ihre Geschichte, daß alle Menschen und ihre Lebensgeschichten in deiner gütigen und strengen Hand waren, sind und sein werden. Wir danken dir dafür, daß wir uns auf diese Offenbarung freuen dürfen.

Das Alles im Namen Jesu Christi, in welchem du uns Menschen von Ewigkeit her geliebt, erwählt und berufen hast. Amen.

NACHWORT

Augenblicke. Augenblicke zum Innehalten oder zum Aussichherausgehen. Augenblicke zum Aufatmen, zum Nachdenken, zum Staunen, zum Lächeln, zum Fragen. Augenblicke zum Aufwärtsblicken und Vorwärtsschreiten, zum Mutschöpfen, zum Zufriedensein... Karl Barth lädt ein und regt an zu solchen Augenblicken. Er lebte von 1886 bis 1968, war 12 Jahre lang Schweizer Pfarrer und über 40 Jahre Theologieprofessor, 15 Jahre in Deutschland und 25 Jahre in seiner Heimatstadt Basel.

Eine seiner schönsten Predigten, gehalten in der Basler Strafanstalt an seinem 70. Geburtstag, legt Psalm 34,6 so aus: «Blickt auf zu Ihm, so strahlt euer Angesicht.» Und in seiner riesigen Dogmatik (Die Kirchliche Dogmatik, von 1932 bis 1967 in 13 Teilbänden erschienen) nennt er das die «Wurzelbildung aller Humanität»: den großen, feierlichen, unvergleichlichen «Augenblick, wo es zwischen Mensch und Mensch zum ‹Augenblick›, nämlich dazu kommt, dass sie sich in die Augen blicken, sich gegenseitig entdecken.» Wer so denkt, kann von Augenblicken reden, die gefüllt sind und nicht leer vorübergehen: ernst, heiter, tröstlich, besinnlich gefüllt, im Angesicht Gottes und seiner Mitgeschöpfe.

In diesem Buch sind wie in einem anmutig bunten Strauß Texte Karl Barths (in seiner eigentümlichen Schreibweise) gesammelt. Sie sind aus seinem reichen Schrifttum zusammengelesen, in sich zusammenhängende kurze Ausschnitte oder aneinandergefügte Gedankensplitter, deren Fundorte im

Anhang verzeichnet sind und sich so in ihrer ursprünglichen, ungekürzten Fassung nachlesen lassen. Die jeweils darüber gesetzten Bibelworte sind entweder in den Texten vorgegeben oder vom Herausgeber dazu ausgesucht. Sie weisen auf das Licht hin, in dem Barth das Menschenleben so sah, wie er es sah. Die Texte mögen den Lesenden ein Gruß sein, der ihnen eine gute Zeit ansagt.

Eberhard Busch

FUNDORTE

Die hier zusammengestellten Texte Karl Barths sind aus seinem umfangreichen Gesamtwerk ausgewählt und meist gekürzt abgedruckt. Die originalen Texte lassen sich ungekürzt und in ihrem ursprünglichen Zusammenhang an folgenden Orten nachlesen:

S. 9: Einführung in die evangelische Theologie, Zürich 1962, 72-74
S. 10: Die Verheißung. Lukas 1, München ²1960, 56
S. 11: Predigten 1954-1967, Zürich 1979, 43
S. 12: Ethik II 1928/29, Zürich 1978, 444-446
S. 13: Predigten 1921-1935, Zürich 1998, 355f.
S. 14: Predigten 1935-1952, Zürich 1996, 150f.
S. 15: Ebd., 151f.
S. 16: Die Kirchliche Dogmatik, Bd. II/1, Zollikon 1940 (=KD II/1), 727.
S. 17: Predigten 1921-1935, a.a.O., 354
S. 18: Der Götze wackelt, Berlin 1961, 159-161
S. 19: Die Verheißung, a.a.O., 56f.
S. 20: Predigten 1935-1952, Zürich 1996, 281f.
S. 21: Predigten 1917, Zürich 1999, 276-278
S. 22: Dogmatik im Grundriß (1947), Zürich ⁴1977, 40-46
S. 23: Ebd., 53-56
S. 24f: KD II/2, 32f.
S. 26: KD III/3, 246f.
S. 27: Die Menschlichkeit Gottes, ThSt 48, Zürich 1956, 14f.
S. 28: Die Menschlichkeit Jesu, in: Mensch und Menschlichkeit, Kröners TB 243, 1956, 115ff.120f.
S. 29: Predigten 1954-1967, a.a.O., 236
S. 30: Ebd., 134-136
S. 31: Ebd., 190-192
S. 32: Ebd., 254.256f.
S. 33: KD IV/3, 321.403f.418f.
S. 34: Predigten 1954-1967, a.a.O., 157
S. 35: KD II/2, 650f.
S. 36: KD III/1, 160.170
S. 37: KD III/1, 188f.
S. 38: KD III/1, 198f.
S. 39: KD III/4, 384-388
S. 40: KD III/2, 390.344.347, III/4, 186f.
S. 41f: KD III/4, 205.209.213-215
S. 43: KD III/4, 313f.319
S. 44: KD III/4, 702-704
S. 45: KD III/4, 705f.
S. 46: KD III/4, 708f.
S. 47: Predigten 1954-1967, a.a.O., 234
S. 48f: KD IV/1, 464.459f.469.484f.
S. 50: KD IV/1, 465.483f.
S. 51: Das christliche Leben, Zürich 1976, 363-366.368.378.382.372f.
S. 52: KD IV/2, 473f.489.497-499
S. 53: KD III/4, 450f.
S. 54: Ebd., 614-626
S. 55: KD IV/2, 462.465
S. 56: KD IV/3, 500-506.432.522
S. 57: KD III/2, 311f.
S. 58: KD III/4,

417-419.423.425f.
S. 59: Predigten 1954-1967, a.a.O., 232f.
S. 60: Ebd., 102
S. 61: Gottes Gnadenwahl, Theologische Existenz heute Nr. 47, München 1936, 56
S. 62: Einführung in die evangelische Theologie, a.a.O., 112f.115-118
S. 63: Der christliche Standpunkt, in: Unterwegs 2 (1948), 1
S. 64: KD IV/2, 605-617
S. 65: Predigten 1954-1967, Zürich 1979, 263f.
S. 66: KD III/3, 283f.
S. 67f: KD III/3, 275f.
S. 69: Predigten 1954-1967, a.a.O., 239f.
S. 70: KD IV/2, 891-895
S. 71: KD IV/2, 718f.794; IV/1, 839
S. 72: KD III/4, 464f.
S. 73f. KD III/2, 642
S. 75: KD III/3, 96f.
S. 76: Das christliche Leben, a.a.O., 462-466
S. 77f: Freiheit, in: Freiheit, Polis 7, Zürich 1960, 2-4
S. 79: KD III/2, 270-272.290
S. 80: KD III/4, 330f.
S. 81: KD III/2, 299-301
S. 82f: Ebd., 302f.310f.
S. 84: KD IV/2, 690
S. 85f: Gespräche 1959-1962, Zürich 1995, 352.354
S. 87f: KD IV/3, 872-874.884-887.890f.1022
S. 89f: Christengemeinde und Bürgergemeinde, Stuttgart 1946, 11-13.25f.
S. 91: Eine Schweizer Stimme 1938-1945, Zollikon 1945, 73f.76
S. 92: Ebd., 327-329
S. 93: KD III/4, 524f.
S. 94f: Predigten 1954-1967, a.a.O., 215-217
S. 96: Karl Barth - Emil Brunner. Briefwechsel 1916-1966, Zürich 2000, 358
S. 97: Texte zur Barmer Theologischen Erklärung, Zürich 1984, 198.190.201f.199f.
S. 98: KD II/1, 457-472
S. 99f: KD III/4, 58.78
S. 101: KD III/4, 602f.632-635
S. 102: Letzte Zeugnisse, Zürich 1969, 63f.
S. 103: KD IV/2, 693f.
S. 104: Einführung in die evangelische Theologie, a.a.O., 123f.139, und: KD IV/3, 1036f.1039.1053f.
S. 105: Fürchte dich nicht!, 303f.
S. 106: KD IV/3, 1063-1065
S. 107: KD IV/1, 747, und: Die protestantische Theologie im 19. Jh., Zollikon 1947, 3.8
S. 108: KD III/2, 740f.743f.
S. 109f: Dogmatik im Grundriß, a.a.O., 172f.
S. 111f: KD IV/4 (Fragment), 217-219.221
S. 113: KD III/4, 427-431.438f.
S. 114: KD II/1, S. 739.757.730f.
S. 115f: Nach E. Busch, Humane Theologie. Texte und Erläuterungen zur Theologie des alten Karl Barth, Zürich 1967, 31-33
S. 117: Gebete, München 1963, 80f.